ハヤカワ文庫NF

〈NF246〉

パラドックス系マネジャーがビジネスを変える!

リチャード・ファースン

小林　薫訳

JN266099

早川書房

4699

MANAGEMENT OF THE ABSURD

Paradoxes in Leadership

by

Richard Farson

Translated by
Kaoru Kobayashi
Published 2001 in Japan by
HAYAKAWA PUBLISHING, INC.
This book is published in Japan by
arrangement with
MARGRET McBRIDE LITERARY AGENCY
through THE ASANO AGENCY, INC.

はじめに

　今、みなさんが手にしている、この、心をそそり知に挑む、まことに挑発的《チャレンジング》な本は、一人の驚くべき男の手で書かれたものである。著者のリチャード・ファースンは私の昔からの友人であるが、その発想の質はきわめて特異なものなので、読み始める前に、彼についてあらかじめ少し知っておいたほうがいいかもしれない。長身で、凜として気品があり、髪は白く、でも、いつも心の底から笑える男。わたしの知っているすべての人間は、心から彼に惹かれている。限りなく心暖かく、優しさに溢れ、周囲を魅了せずにはおかない存在である。

　と同時に、その並はずれた考え方は、時として人々を困惑させる。ファースンは過去何十年にわたって、驚くほど広範囲の仕事を経験してきた——心理学者、海軍士官、大学の学部長、企業のトップ、そして経営コンサルタントとして……。その間に、独自の考え方をひたすら育んできたのだ。こうしたプロセスを通じて、かなり以前から、人々が自分たちの直観とは反する彼の見方に対して腹立たしさを覚えたり、冗談じゃないと不信の念を抱いて接してくるのを、むしろ楽しむような境地に達している。

その講演を何度も聴いたが、必ずと言っていいほど、聴き手に実にさまざまな感動と感慨をよびさますのを目の当たりにしている。ファースンはとても人好きがし、本当に人間味のある人間なので、誰からも好かれる。だが彼は、いわば自分自身の考え方の歩く広告塔とも呼ぶべき存在で、その主張は、人の心を否応なしに穏やかならざるものにしてしまうのだ。

エピソードをふんだんに盛り込んだ気さくな話しぶりで、人間の行なう行為には、全く意図しない結果や、逆説的な結末や、予測不可能な現実が不可避的に襲ってくることを、強烈なトーンで訴える。その言わんとするところは、根本的には人間味豊かで心を和ませるものなのだが、知識は力なりというような考えを少しでも抱いている人々にとっては、ファースンの主張は聴くに耐えないどころではなくて、腹に据えかねるものなのである。しばらく時間をかけて冷静になってからでないと、ファースンの言葉にあれこれ想いをめぐらすことすらできない。

かく言う私自身も、彼の考えを理解するのに何年間も苦闘してきている。いつだったか、私に、人間は自分の成功から教訓を学びとることはあっても、失敗から学習することはないなどと語ってくれたことがある。すかさず私は反対したが、彼をよく知っていたので、自分が反対する根拠は薄弱だということも直観的に分かっていた。彼の考え方を長い間心の中で繰り返し反芻《はんすう》し、自分自身の行動と、自分が関係してきたグループの行動について検証してみた。そしてようやく、ファースンの言い分は集団行動については正しいが、個人の行動については——少なくとも私自身に関しては——必ずしも正しくないとの結論に達した。私は、個人として失敗をした時には、根源からの変化を求める傾向が強い。一方、個人として成功した後では何ら変化をしない。そして集団として失敗した場合は、その責任の所在がとてつもなく分散してしまっているうえに失敗の理由もあやふやなので、変化する必要性など全く感じない。

この結論を得たのは、昨年はじめのことだった。とりわけ心が乱される苦痛きわまりない仕事をしている最中に、これは失敗だったと判断せざるをえないことがあった。浜辺を歩き、こんなことを二度と繰り返さないための手だてをあれこれと考えてみた。熟慮を重ねるにつれて、これまでの自分のやり方を大幅に変えるしかないと気づいた。しかし、この失敗は私に、永続的な変化をするための新たな活力を与えてくれた。最後に私は、「ファースン、君は間違っていたよ！」と叫んだのだった。

きっと彼はただ笑って、私がもう一度考え直すのを待っているに違いない。私があれこれ考えたのは、たしかに彼の物の見方の力に負うところが大きい。人の心をさいなみ、苛立たせる彼の考え方が、つねに尋常ならざる真理を含んでいたからこそ、こんなにも長い間ずっと私は心の中で咀嚼《そしやく》しつづけてきたのである。

この本の原稿を読みながら、私は「違う、違うぞ、そりゃ違うよ」とか、時には「何を世迷い言を並べてるんだ！」などと考えざるをえなかった。とにかく人をじりじりさせ、挑発する。むろんうなずかせもするし、微笑みを浮かべさせてくれるし、首を縦に振らせてもくれる。この本でリチャード・ファースンは単なる経験以上のものを教えてくれ、英知や知恵と呼ぶべきものを分かちあってくれる。さあ、それでは、みなさんが早速、刺激を受け、興奮し、楽しみ、カーッとなる番だ。

マイクル・クライトン

目次

はじめに　マイクル・クライトン　3
序章　逆説と不条理をもろに抱きとめろ　13
第一部　違った考え方
1　深遠な真理は、その逆もまた真である　29
2　明白なものほど見えにくい　35
第二部　人間関係の〝テクノロジー〟
3　重要な関係ほどスキルは問題でなくなる　45
4　うまくいっている経営技法があったなら、それはやめなさい　53
5　有能な上司はコントロールなどしない　58
6　問題のほとんどは問題ではない　64
7　技術は意図した狙いとは正反対のものを生み出す　68

8　われわれは技術を作り出したと思っているが、
技術のほうもわれわれを作り出している　72

第三部　コミュニケーションのパラドックス

9　伝えれば伝えるほど伝わらない　81
10　コミュニケーションにおいては中身よりも形式の方が大事だ　90
11　聴くことは話すことより難しい　95
12　人は褒めても、やる気を起こさない　101

第四部　マネジメントという政治力学《ポリティックス》

13　行為はすべて力関係だ　111
14　問題解決への最善のカギは、
その問題を出してくる人やグループ自身が持っている　121

第五部　組織の置かれた難しい立場

15　助力が最も必要な組織は、
そうした助力から得るところが最も少ない　131

16 個人はしたたかで崩しにくいが、組織は非常に脆弱だ　137
17 事態が良いときほど悪いと感じる　141

第六部　変化のジレンマ

18 誰もが創造性や変化を求めているというが、本当のところは求めてなどいない　151
19 本当にほしいのは、今持っていないものではない。すでに持っているものをもっとほしいのだ　159
20 大きな変化は小さな変化より起こしやすい　164
21 人間は自分の失敗からではなくて、自分の成功と、さらに他人の失敗から学ぶ　169
22 努力することは何も実らない　177
23 計画化は、変化をもたらすには効果のない方法である　184
24 組織は難局を乗り切ることによって変わっていく　192
25 変化してもらいたいと思う人は、今のままのやり方でも結構うまくやっていく　196

第七部　リーダーシップの美学

26　大きな強味は、そのまま全て大きな弱味である　207

27　モラールは生産性と無関係である　213

28　リーダーなどはいない。あるのはリーダーシップのみ　219

29　経験豊かなマネジャーほど、単純な直観を信じる　226

30　リーダーの訓練はできないが、教育はできる　235

31　マネジメントにおけるプロになるには、アマチュアであれ　241

第八部　未来から逃げない

32　見込みのなさそうな大義のみが戦うに価する　249

33　私のアドバイスは、私のアドバイスなど受け入れないほうがいいということである　256

訳者あとがき　263

パラドックス系マネジャーがビジネスを変える！

序章◆逆説と不条理をもろに抱きとめろ

確固として不動、しかも心身を癒し、有益な唯一の真理は、不条理性のみである。
——アンドリュー・サーモン

われわれはみな、人間にかかわる事柄は、本質的には合理的なものだと考えたがる。この世界の他の事象と同じように動き、作用するのだから、人間をめぐる事柄も、われわれにとって良い方向に動かせるはずだと思いたい。こうした思考方法が誤っていることを示す経験はいやというほどあるのに、少しも困惑せず、また意にも介さない。だからこそ、本書が示すいくつかの考え方を受け容れるには、いささかの努力が必要になってしまうのである。

本書は、人生は不条理なものであり、人間に関する諸事万端は、通常は合理的にではなく逆説的に作用することを解き明かすものである。さらに、他の人々との関係を思いのままに操ることなどは到底できない（これは実は幸いなことなのだが）ということも説いている。

この点はビジネス界のみならず、大学や行政当局、また、その他の官僚型組織における人間関係についても確かに真実なのである。著者が衷心《ちゅうしん》から希《ねが》うところは、マネジャーやリーダーの地位にあるすべての人々が、従来からのありきたりの知恵を超えて考え、とくに考え方そのものが現実をいかにして形づくるかをよく理解し、逆説や不条理がすべての行動の中で不可避的に果たす役割を熟考していただくことにある。

もちろん、私も第二次大戦後に登場した劇作家の一派――ハロルド・ピンター（イギリス。一九三〇年生。「世話する人」「帰郷」など）、ユージェーヌ・イオネスコ（フランス。ルーマニア生れ。一九一二～九四。反演劇の旗手の一人）、サミュエル・ベケット（フランス在住のアイルランドの劇作家・小説家。一九〇六～八九。一九六九年ノーベル文学賞を受賞。『ゴドーを待ちながら』は代表作）が、伝統的な劇場が前提としていた諸条件に疑問を投げかけ、人間に関する事柄をあまりにも単純化し合理化しすぎることを強く批判したことの影響を受けている。ピンターらは人生における動機と不条理さを認識しない作品は、人間の尊厳に値しないとすら考えた。彼らの労作は〝不条理劇〟と呼ばれ、演劇史における重要な転機となったものである。経営の世界でも今やこのようなモメントが必要であると私は切に思っている。

あなたは誤った方向に導かれている

不条理を吟味することは、単なるお遊びではすまされない。今日の経営教育プログラムなるものの多くは、人間組織の持つ複雑さと逆説的性質を正しく評価していないがために、誤った方向にわれわれを導いていると考えざるをえない。正しい考え方を提示しているマネジメントの解説書もあるのだが、それらはスローガンやお説教にしか使われていないとは言わないまでも、あまりにも単純化しすぎた方程式やテクニックを記しただけのハウトゥ的な本に負けてしまっているのだ。無論、私にもその魅力は分かる。目前に横たわる課題の難しさに圧倒されたマネジャーが、いかにもごく簡単に身につけられそうな経営管理の原則なるものをつい受け入れがちになるのも別に驚くには当たらない。

なるほど、そうした御託宣は、薬にはならないだろうが害にもなるまい、との反論も出るだろう。マネジャーが昔からあるブロマイドを後生大事にありがたがったところで、放っておけばいいという意見もあるだろう。しかし、これから本書で明らかにしていくように、こうしたことが原因となって、実のところ、かなりの問題が起きているのだ。

多くのマネジャーが、自分の仕事はセミナーに出席したり、単純化された短絡型の方程式に従うことだと考えてしまった結果、本人の真の意図とは全く反対のことを作り出してしまっているのだ。こうした方程式が役に立たないと分かると、マネジャーは欲求不満に陥り、攻撃的になり、時には口汚く人をののしるようにすらなる。

にもかかわらず、マネジャーの目の前には、新しいトレンドや、新しい経営の考え方や、やる気を起こすための新しい流行語が、次から次へと登場してくる。マネジャーは、そうしたものがふんだんに盛り込まれた最先端の訓練コースに繰り返し投げ込まれるが、結果としては二重三重に切りさいなまれてしまうのだ。数年前は「リーダーシップ」が流行だったが、次に出てきたキャッチフレーズは「モラール」、それが「モチベーション」となり、それから「コミュニケーション」が登場し、その次は「カルチャー」が現われ、さらに「クオリティ」がもてはやされ、その後に「エクセレント」が来て、やがて「カオス」へと変じ、そして再び「リーダーシップ」に逆戻りという始末である。その間、他にも「ZD（無欠点運動）」「目標による管理」「QCサークル」「TQM（総合的品質管理）」「パラダイム・シフト」、さらに「リエンジニアリング」などという流行語が、これでもかこれでもかと目白押しに迫ってきてはマネジャーを悩ませてきた。

すっかり困惑して頭が混乱したマネジャーは、一つのトレンドから別のトレンドへと船が左右へ傾くなかで、以前のトレンドで傷ついた部分を修理しながら、なんとか舵取りをして進もうとする。だが、事態を単純化しすぎる技法を奉じている限り、いつまで経っても実効をあげるリーダーには到底なれない。一方、ビジネスにおける人間関係や組織の不条理性や逆説性をよく心得ているマネジャーは、こうした一時の流行によって傷つくこともはるかに少なく、従ってリーダーとしては確実に、より強力な人物になれるのである。

ここで一つ、あらかじめお断りしておきたいのは、「マネジャー」と「リーダー」という言葉の使い方である。むろん、この両者を区別することが重要なことは百も承知の上で、本書ではこの二つの言葉をほぼ同じと考えて相互に自由に置き換えながら用いている。私個人としては組織理論家である南カリフォルニア大学教授ウォーレン・ベニスの「マネジャーは（昨日定められた通りに）正しく事を行ない、リーダーは（明日に向けて）正しい事を行なう」という区別の仕方が好きではあるが……。

「パラドックス」の定義とは何か

「パラドックス（逆説、すなわち一見すると相反して矛盾していたり不合理のようだが、実は正しい説や状況)」は、うわべでは「アブサーディティ(不条理、不合理、非常識、自家撞着)」と見える。そして、人間はごく自然の性向として、こうした逆説に突き当たると、それを解決し、この見なれぬ奇異なものを見なれたお馴染みのものに創り変え、合理化し正当化しようと試みる。しかしながら本書では、こうした従来の誘惑に抗《あらが》い、その代わり、しばしの間、逆説や矛盾に身を委ね、逆説的な論理を用いて経営や人間の行為全般を理解するのに慣れることができるかどうかを検証してみようと思う。

この後の各ページに出てくるパラドックスは、本来ならば範囲を限定したり、いくつかの条件をつけなければならないところでも、あえて断定的に、こうだと断言するような形で述べてある。それというのも旧来の因襲的な思考方法にあえてチャレンジし、何十年も前から経営の世界で「昔ながらの知恵」として受けとめられてきた伝統的な諸見解に対して、取って代わるべき新しい見解を提示したいがためにほかならない。

そうした一見、断定風の発言のすべてに、私が不条理的要素と見なすものが含まれており、またそのすべてがわれわれの発想の逆転を要求しているのである。だから、これは精神を鍛えるための一つの習練と見なしてほしい。

たとえば、仮に次のような質問を設定したとしよう。「社会的抑圧を終わらせるための中心的役割を果たしそうな集団はどれか予測せよと言われたら、みなさんは抑圧によってもっとも悲惨な状況にあるグループを選ぶだろうか。それとも逆に、ちっとも哀れだなどとは感じないグループの方を選ぶか？」

因襲にとらわれない逆説的なアプローチを用いたならば、少しも哀れとは感じないグループのほうを採るはずである。解放運動は、通常、完全に満足している層の考え方の中から生まれてくるものなのである。だからこそ社会を驚愕させることが多いのだ。たとえば数世代前の白人たちは、黒人はそれぞれの場において幸せなのだと自己満足的に考えていた。また一九六〇年代以前の社会では、女性は男性によって崇《あが》められ、面倒を見てもらう存在だと見なされていた。そして今日においても、幼児虐待に対する世間の注目を喚起しようとする運動家の努力にもかかわらず、一般の人々の心の中の子供のイメージは、自由奔放で何の心配もなく、充分保護が行き届き、無垢にして心楽しき存在なのである。

では次の問いはどうだろう。「こうした解放運動の指導者はどこからもっとも生まれてきやすいか。そうした劣悪な条件によって最もひどく抑圧された方からか、それとも、ほとんど抑圧されていない方か？」

ほとんど抑圧されていない方から、という答を出すようになったならば、不条理がようやく呑み込めかけてきたといえよう。指導層は被抑圧集団の外部や周辺からやってくる。最も抑圧された部分から出てくることは非常に稀である。黒人は最初、白人の奴隷制度廃止論者によって大きな支援を受けた。女性問題に関する代表的運動家グロリア・スタイネムは、アメリカで最も抑圧された女性とは到底言えない。幼児虐待問題を論じているのは、ほとんどすべてが大人の論者たちである。

マネジメントをめぐるパラドックスを考える際に、心に留めておいてほしいのは、「アブサーディティ（不条理さ）」と「ステューピディティ（愚かさ）」の違いについてである。「愚かさ」とは一つの行動のことであり、誤っていて、しかも無能であり、事実を認識できない振舞いを指す。それは鈍感さのことであり、人間に可能なすべての感覚機能を必ずしも有していないことからくる無感覚性のことを指す言葉である。愚かなマネジメントが行なわれている場合は、誰か別の人間がそれを見れば正しいやり方が容易に分かる。他方、「不条理さ」は、一定の状況における本質的な人間性そのものから生じてくる。不条理な行動はわれわれをぐらぐらと揺さぶる。それは不合理にも、また滑稽にすら見える。合理的な人がするとは思えないことである。在来型の思考方法と矛盾し、それは通常、一つの問題というよりも、一つのジレンマをもって対決を迫ってくる。きわめて優秀な人材であっても、どうしたら解決できるかをはっきりと言いきることができない。

パラドックスと不条理性はわれわれのバランスを崩す。しかるがゆえに、それは謙遜さを、活力を、そして創造的な驚きを生み出してくれ、人生を生きるに値するものにさえしてくれるのだ。しかし、それをコントロールすることはできない。しようという企ての矛先をくじいてしまう。

「パラドックス」という言葉がマネジメントの世界に入り込んでくるのはいいのだが、それが「マネジできるもの」という言い方で入ってくるのには、心穏やかならざるものがある。これはアメリカの経営界の底辺に広まっている「経営は全能だ」という感覚の所産なのである。いかなる出来事でも状況でも複雑すぎるとか予測不能などということはありえず、すべてをマネジメント・コントロールの下に抑え込むことができるという信念の産物なのである。

しかし、イギリスの経営思想家チャールズ・ハンディがその著書『パラドックスの時代』で指摘しているように、パラドックスが〝マネジ〟できるというのは、何とか辛うじて対処可能だという程度の、限定された意味にしかすぎないのである。それこそ〝マネジメント〟が実際上意味してきたものなのだが、やがて、それがいつしか、計画し、コントロールしうるという誤った意味にすり替えられてしまったのだ。従ってパラドックスは、単なるマネジメント・テクノロジストのセミナーに持ち込まれて、それだけで一件落着という類の、組織上の一要因などではないのである。システマティックに、あるいは合理的なやり方で対処しうるなどと言うことすら、人を誤らせること甚だしいものなのである。そんなお手軽なものでは決してない。だから、以下の各章においてみなさんもお分かりになるように、「不条理性のマネジメント」という言葉そのものが、実は不条理そのものなのである。

パラドックスは時代と時間を超越する

人間関係における反通説的な見解やパラドックス的な考え方に私が関心を抱くようになったのはかなり以前のことなので、それがいつ、どこで始まったのかは、あまりさだかではない。とはいえ、傑出した心理学者である故カール・ロジャーズ（アメリカ。一九〇二〜八七。エンカウンター・グループの先駆者）から大いに有益な刺激を受けたことは間違いない。シカゴ大学で私は彼の学生であり、また研究助手であり、後には同僚となり、最後はウエスタン行動科学研究所において密接な形で一緒に仕事をしてきた。この研究所においてこそ、彼の最も重要な研究労作の幾つかが結実したのである。

私は何十年にもわたり、ロジャーズが各時代における主流派の考え方とは著しく対照をなす立場をとり、その立場をしっかりと保持しつつも、いつの間にか最終的には自分の考え方を主たる流れのなかにしっかりと組み込ませてしまうのを目の当たりにしてきた。彼はアメリカにおける最も影響力の強い心理学者と呼ばれてきたが、自分の頭で考え、因襲的な「知恵」を疑ってかかるにはどうすべきかの典型的なあり方を明らかに示してくれた人である。

長年の友人であり、卓越した創造力の持ち主である社会心理学者のアレックス・バヴェラスは、組織に対する理解を深めるのを大いに助けてくれたのみならず、パラドックス的なものを探求する際にも本当に力となってくれた。初めて彼と個人的に会い、その新鮮な考え方と、時には逆転の発想でパラドックスに光を照射してくれる能力を肌で感じたのは、私がハーバード・ビジネス・スクールで人間関係学部の若手教員だった時であった（当時、彼は近くのＭＩＴの教授をしていた）。

以上の他にも、私は様々な影響を受けている。これまで私は大学で、研究所で、あるいは海軍士官として、リーダーシップと組織行動の研究をしてきた。企業や政府機関や非営利法人のコンサルタントもしてきた。しかし私の考え方の形成に対してもっとも役立ったと思われるのは、約三〇年にも及ぶ、さまざまな組織のトップとしての経験である。心理学者でしかもＣＥＯ（最高経営責任者）であるということによって、私は組織のパラドックス、組織のアブサーディティがどのようなものかを身に染みて知ることになった。また、すべての事物がこれまで教えられてきた通りには必ずしも動かないことにも気づいた。

実のところ、本書のタイトルは「四〇年前に知っておきたかったこと」にしたいと考えていた。この本はアイディアと観察と体験的な教訓に基づく書であって、マネジメント・テクニックの書ではない。本書はまず、逆説的な考え方の性質について文献などをもとに調べあげ、次いで人間関係や組織において誰もが直面する具体的なパラドックスを検討するという構成をとっている。こうした展開を通じて、しばしば見逃されがちだが効果的なリーダーシップの特性を示していると思われるものについては、特に注意を喚起するようにした。

以下の各章は、必ずしも順序よく最初の章から読んでいただく必要などは一切なく、どの章であれ、みなさんが関心をお持ちになったところから読み始めていただいて結構である。そこにはきっと、体験的に理解できる考え方が発見できると思う。それが状況をより現実的に評価する助けとなり、自己および他人をマネジメントするためのより統合化されたアプローチを育て、より純粋で力あるリーダーシップ・スタイルを培《つちか》い、そしてみなさんが組織のどの層で働いているのであれ、そこでの成功に寄与する能力を高めることを願ってやまない。

これまで何百人というマネジャーと話をしてきた経験から、私は本書に込められた考え方が、当初はみなさんの心を掻き乱すことを知っている。しかし、マネジャーの地位にある人々は、いったんそれらの考え方に深く接してみれば、いつもそうした発想法を心に抱くようになるだけでなくて、むしろそれに安堵の念すら覚えるようになることもわかっている。とにかく、マネジメントにおけるパラドックス的な発想法の良いところは、それが時代と時間を超越していることである。経営の文化や経営者訓練コースにおけるアイディアの多くは、ほぼ例外なく、登場してきては消え去っていくことを繰り返す。しかし、逆説性と不条理性は人間が組織に集う限り、われわれとともにいつも存在するものなのである。

第一部

違った考え方

1◆深遠な真理は、その逆もまた真である

科学や政治や法制など、あらゆる知的な分野でわれわれが達成した偉大な業績は、われわれの中での合理的で論理的な思想家が築いたものにその多くを負っているとされる。しかし、こうした考え方は、また一方ではわれわれを制約もしてきた。いつしか全く気づかぬうちに、考え方が直線的になり、分類や範疇を重視する論理の動物となってしまった。物事は良いか悪いか、正しいか誤っているかのいずれかであり、両方同時ということはありえないというわけである。物事が一つのあり方をしつつ同時にその逆でもあるなんて、ありえぬことと教えられてきた。

とはいえ、一つの疑問に直面した時、「うーん、イエスでもあり、またノウでもある」と言うことが、なぜかしら賢く聞こえる場合もある。またわれわれは、「多きは少

なり」「生くるとは死すること」「愛は憎しみ」などといった、対峙するものの共存を心ならずも認める言葉も数多く耳にしてきている。一見、非論理的なように思えるが、相対立する二物ほど密接に関連しているものはないのである。

影響力は両方向に向かう

こうした考え方から実際面ではどんな価値が得られるのか。ごく身近な例として、食品冷凍技術の発達がどのような影響を及ぼしたかを見てみよう。多くの人々が予測した通り、これによってファースト・フード市場が成長を遂げた。しかしながらその反面、予測しえなかった事態も起きた。ファースト・フードの隆盛に比例するように逆にグルメブームが起こり、有機農法などの新鮮な素材の持ち味を活かす調理方法に人気が集まり、また料理人に対しても新しい尊敬の念が高まってきたのである。食品冷凍加工技術はファースト・フードの開発を万能にしたが、他方、その逆のことも招いたのである。

マネジメントの世界においても、職場の民主化を目ざす参加型経営を採り入れることによって、対極をなす正反対のもの同士が共存するのを見てきた。参加型経営のさまざまなアプローチは、なるほど労働者の参画度を増大させることが多い。しかし、それによって組織の階層構造《ヒエラルキー》秩序や上司の権限は、揺らぐどころかむしろ強化されてきていることも、また真実である。これは、労働者層に対して若干の権限委譲を許したからといって、経営者が本来の権限を失うことはないということを裏付けている。権限を認めるということは、こちらが、与えた分だけなくなるパイの一切れを渡すのとは違う。むしろ情報を誰かに渡すのに似ている。相手はもっと知るかもしれないが、だからといって、こちらがそれだけ知ることが少なくなるという類いのものではないのだ。

「騙《だま》し」は役に立つ

もう一つの対立物共存の例をあげよう。組織が健康であるためには、そのメンバー間で正しいコミュニケーションが充分行なわれていることが肝要である。しかし、健康であるためには、「歪《ゆが》み」も「騙し」もまた必要なのである。こういう言葉があまりにもどぎつすぎるというならば、同様の趣旨のもっと一般的な表現である「外交手腕や駆け引き」という言葉に置き換えてもよい。

医療の場や恋の駆け引きにおいては、神秘的な雰囲気をまとったもの、すなわち、完全に正しいとは言いかねるが、相手を励ましてポジティブな気持ちにさせるような信念が必要だ。ちょうどそれと同じことが、リーダーシップやマネジメントにも不可欠なのである。だからこそ、ミドル・マネジメントの機能の一つは、上と下に対して情報にフィルターをかけたり、口当たりをよくして理解しやすくすることだという見解も出てくるのである。こうした「歪み」や「騙し」は、次の二つの実用的な目的に役立つと言われている。

一つは、労働者は「歪み」や「騙し」の結果、自分たちのリーダーには自信があり、公正で、有能であると信じるようになるので、リーダーシップが必要とする神秘性の根固めができるということ。二つめは、トップ・リーダーは組織内で起こっているすべてのことを知ると、本当のところかえって心を乱されるので、労働者層をめぐる些細な問題や、どうでもいい小さな失敗などを耳にしなくてもすめば身が守れるようになるということである。

人間の営みにおいては、何らかの形での騙しはむしろ常態的な存在であって例外などではない。たいていの場合、それは嘘をついているとは見なされない。なぜならそれは、純粋な正直さには欠けているもの、すなわち人間の意思伝達の錯雑さや、人間関係のバランスを保つために人間があれこれ巧みに操作しなければならない様々の方法を補うものだからである。対極にあるとされるものの共存を素直に認められるようになれば、正直と欺瞞とが、ある逆説的な方法で、時には「嘘も方便」としてともに機能し作用していることが理解できるだろう。

成功したいが、失敗もしたい

私の知っている企業幹部に、成功したがってはいるが、失敗したいとも同時に願っているように見える人の典型ともいうべき人物がいる。彼の行為のすべてが、この二つのことを明らかに表わしているといえるからである。あるプロジェクトのチーフになりたいと熱心に自ら買って出るが、それが実現した瞬間から、他方では権限委譲を拒み、各委員会の作業の足をすくい、締切りを守らず、重要な決定を遅らせるなどして、プロジェクトの足を引っぱることばかりする。

しかし、こうした行動は別に異常なものではない。どのプロジェクトにも、作業チームにも、個人にも、成功願望と失敗願望という相矛盾する衝動が存在するのだ。経営が行なうどの選択にも――新規の求人をする企業にも、それに応募する個人にも――魅力がある面と魅力に欠ける面の両方がある。どの取引も良いと同時に悪くもある。だからこそ、リーダーシップとは本質的には、ジレンマをマネジメントすることになるのだ。曖昧さを許容すること、すなわち矛盾に対処することがリーダーにとっての必須事項であり、さらに反対するものの共存を心から理解することが、異なった発想法の育成には不可欠なのである。

反対のものが高めあう

つね日頃、私の心を魅了してやまないこのパラドックスには、もうひとひねりしてみるとさらに別の側面が出てくる。それは、反対物は共存しうるだけでなくて、お互いを「強め、高めあう」ことすらあるという点だ。たとえば、苦と楽を例にとってみよう。痒いところを掻くという行為には、その両方が含まれている。痒いことは嫌なことであり苦である。しかし掻くのは楽であり、また苦でもあり、その両方が同時に出てくる。仮に、痒いところをあまりにも長く掻きすぎると、逆に大変な苦痛となって楽ではなくなる。だが、その両者が共存し一体化している瞬間もある。真理と虚偽も、善と悪も、またこれと同じなのである。

2 ◆ 明白なものほど見えにくい

最も重要な発見も、最も偉大な芸術も、また最も優れた経営上の意思決定も、それがあまりにも明々白々なために、人々が当たり前のことだとしたり正確に見ることができない事柄を、新鮮な目で見直すところから生まれてくる。私はこれを〝見えざる明白さ〟と呼んでいるが、次のような諸事例を、しばし考えてほしい。

■ジェームズ・ワットが産業革命を引き起こしたのは、やかんから吹き出す蒸気の力を、ただ単に観察したことによる。それが蒸気機関の発明を導いた。しかし家で同じような現象を見ていた何百万人もの人にとっては、この新しい動力源の可能性は目に映らなかったのだ。

■多くの研究者も長い間、青カビが寒天培養基の上でのバクテリアの繁殖を妨げることを観察してきた。しかし、このカビが人体内の微生物の繁殖を妨げることに気づくには、アレキサンダー・フレミングの出現を待たざるをえなかった。彼の鋭い観察力が、ご存知のように抗生物質の開発を導き出したのである。

■一九世紀の初頭に開発されて以来、その後何十年間というもの、自動車はさまざまな技能を持った職人たちによって、一人で一台ずつ丸ごと作りあげられてきた。ヘンリー・フォードは、ここに「見えざる明白性」を見つけ出した。すなわち、労働者がたった一つの課業を与えられてそれを繰り返し遂行するならば、自動車ははるかに能率的なやり方で組み立てうると見て取ったのである。これが組み立て式流れ作業の始まりであり、また、大量生産と新しい産業時代の幕開けとなったのである。

強盗を減らすには、強盗の意見を

一九七〇年代の初期に、あるコンビニエンス・ストアのチェーンがウエスタン行動科学研究所に、店舗強盗を減らすために力を貸してくれと頼んできたことがある。強盗に襲われるといってもそれほど数は多くなく、各店とも平均して年に一回程度であり、せいぜい百ドルほどの損失というのが典型的な例だった。しかし会社としては、従業員が恐怖の虜《とりこ》になるのを好まなかったし、これがもっと狂暴なレベルにまでエスカレートする危険を何とか避けたかったのである。

研究所では何十年も前から、さまざまな行動科学研究プロジェクトの助手として前科のある人を雇っており、その中には武装強盗だった者も何人か含まれていた。なぜ、またどのようにして一つの店を襲うことに決めたかを話してもらい、強盗をしている時の心の動きについても説明してもらった。さらに自分たちの仲間で、コンビニエンス・ストア強盗をその生活の一部としていた人間にもインタビューしてもらった。こうした研究調査に基づき、会社側は、店舗設計や、それまでの業務運営方法をいくつか変更し、その結果、最終的には強盗に襲われることが四〇％も減った。この研究は、今や犯罪行動心理学の分野では古典的研究として位置付けられている。

というわけで、今や銀行やコンピュータ会社は、セキュリティ・システムを開発するにあたってハッカーの力を借りている。これまた、明々白々なことの表われといえよう。

なぜ未来予測は困難なのか

あまりにも明白なことはかえって見えてこないというのが、将来のトレンド予測を特に困難なものにしている主たる理由の一つである。当然のことながら、こうした予測は現在の状況についての知識に非常に多く依存している。しかしながら、現在の状況や条件は、それを見つめることを生業《なりわい》としている人間にとってすら、かなり見えにくいものなのである。

一九六七年に、最も尊敬されていた未来学者であるハーマン・カーンとアンソニー・ウィナーの二人が、『ザ・イヤー２０００』という本を発表した。この本は驚くべき先見性に満ちており、たとえば日本が経済大国となって登場することや、各種の宗教活動が再び蘇ってくることや、健康産業の成長などを予測している。だが、この本の中には、エネルギー、公害、環境、エコロジー、女性の権利など、西暦二〇〇〇年を待つまでもなく今日すでに大きな問題となっており、また同書が刊行された翌年にはすでにマスコミでも大々的に取り上げられ、見えてきた事柄については、一言も触れていない。そうした現実は、すでにそこに存在して見えていたはずなのだが、このような眼力のある観察家たちの目にすら映らなかったのである。

見えざる明白さが、きわめて劇的な形で私にも見えてきたある事件を覚えている。一九六六年という年は、現代の女性運動がまだ明確な形をとるようになる数年前のことであった。その年、私は、二〇〇〇人の女性がニューヨークで「どこへ行く《クォ・ヴァディス》、今日の女性？」というテーマで開いた会合に講師として招かれた。そこで気づいたのは、ステージ上に一緒にあがった講演者のすべてが男性だったことである。人類学者のアシュレー・モンタギュー、経済学者のエリ・ギンズバーグ、《レディーズ・ジャーナル》誌編集長のジョン・マック・カーターと私の四人であった。その時、こうした状況の逆の場合は到底考えられないと思った。すなわち、二〇〇〇人の男性が「クオ・ヴァディス、今日の男性？」というテーマで大会を開き、どんなにすぐれた著名な人物であれ四人の女性を招いて、男性の行くべき道を教えてもらうなどということは絶対にありえないことだった。女性に関する当時の一般的態度が非常にくっきりした形で現われたこの例によって、私は何が起きつつあるかを悟って愕然とした。私も含めて当時のすべての人間が、こうしたあまりにも明白な事柄に疎《うと》かったことが、この瞬間、痛いほど分かった。

明白な事柄を発見するには、常に発想の転換を必要とする。冷戦時代に抑止戦略を研究していた軍事アナリストたちの構築したシナリオは、敵側も合理的に対処するだろうという期待に基づいたものだった。しかし最終的に、次のような明白な諸点を指摘する人物が現われてきたのだった。

1　たとえ小型の核兵器システムであっても、相手側が敵はそれを用いるぞと考えるならば、こちらにとっては強力な力となりうる。

2 より非合理的で衝動的で行動が予測できないリーダーほど、小型の核兵器を持ちたがると同時に、それを使う傾向が強い。

3 核兵器の備蓄量が大きければ大きいほど、その使用に関しての合理的な分析がより強く支配し、従ってその抑止力は弱まる。

「コロンブスの卵」は誰にでもできる

巨大なトラックが低い橋梁の下で立ち往生して警察官たちが頭を抱えていた時に、一人の小さな子供のアドバイスによって動かすことができたという話を聞いたことがある。この少年は、現場を調べてから、妥当な（ということは明白な）提案をしたのだが、それはタイヤの空気を少し抜けば、トラックの車高を低くできるというものであった。この少年が立証したように、見えざる明白さというものは、コロンブスの卵と同じであり、誰の手によっても見えるようになり得るものなのである。これを行なうことが、組織にとって最も貴重な貢献となることが多い。だが、それには伝統にとらわれない発想を必要とする。深く根づいたイデオロギーや、文化に根ざした価値観、視野の狭さ、ごく限られたことしか受けとめず見ようとしないこと、他人の判断への盲従——これらはすべて、実際に動いている事柄を見抜こうとする際の障壁となる。そして、見えなかった明白な事象がひとたび指摘されると、われわれは次の二つの反応のいずれかをしがちである。それを無視または拒否するか、あるいはあたかもそんなことは前々からずっと知っていたといわんばかりに、「もちろんそうさ」とうそぶくのである。

第二部

人間関係の〝テクノロジー〟

3 ◆ 重要な関係ほどスキルは問題でなくなる

アメリカという国は、テクノロジーにとらわれた国である。あまりにも多くの技術的な成功による恩恵を受けたので、今や自分たちの生活のあらゆる側面にテクノロジーを適用しようという願望に駆られている。それは、ロマンスとか結婚とか親になるというような個人的なことにまで及ばんとする勢いである。こうした領域にテクノロジーを適用することは、私から言わせると、人間関係の取扱いにあたってスキルとか技能とかテクニックをますます必要なものとして認識するということになる。となると、当然のことながらマネジャーの仕事は、本質的に〝マネジメント・スキル〟と呼ばれるテクニックの取得にほかならないと見なされるようになる。何億ドルという金が、毎年こうしたスキルをマネジャーに教えることに費やされている。

もちろんマネジメントにもスキルは必要である。計画を立て、物事を組織化し、スケジュールを組むスキルを身につけることは、確かにマネジャーの業績や成果を改善する。しかしこうした技能を、マネジメントにおける最も難しい領域である人間関係にまで押し及ぼそうとすると、逆にそうした技法からわれわれは見放されるのだ。われわれにとって最も重要な存在である親しい同僚に対処する時の場合を考えてみればよい。そこではスキルなど何の役にも立ちはしない。

ハウトゥではなくて自発性が大切だ

こうしたパラドックスは、子供を育てることに関する幾つかの例を引くことによって一番うまく説明できると思う。考え方によっては、親であることはマネジメントの特殊なケースの一つだとも言えるからである。

数年前のこと、ある本の執筆材料を集めるために、何人かの大人に対してそれぞれの子供時代のことや、どういうふうに両親から扱われたかという話をきいたことがある。私が尋ねた質問の一つは、「子供の頃を振り返って、親との関係を考えてみた場合、その後の自分の発達にとって重要だったと思われるような、また特に価値があった行動や出来事としては、どんなことを記憶しているか?」というものであった。

これに対する回答は、魅力のあるものや、また時には楽しいものもあったが、これから父親や母親になる人が親としてのあり方への助言を求めた際には、あまり役立つと思えないようなものが多かった。

■私の両親は、布巾で喧嘩ごっこをした。

■父の膝の上に座る時、私の髪の毛が顎にさわってくすぐったいので、父は怒る真似をした。

■母が、自分はドラキュラだぞと言って私たちを怖がらせようとするのがとても面白かった。

■父は上着とネクタイをつけたままで私と一緒に地べたに座り込み、私が裏庭で焼いた泥だらけのポテトを食べてくれた。

■父が私たちと遊んでいた時に転んで、胸のところまでドブにつかったので笑い死にしそうになった。

■自動車の運転を習っていた時に、同じ車に三度もぶつかったが、そのたびにいつも母が身代わりになって謝ってくれた。

■スーパーマーケットで、両親が怪物の真似をしておどけた歩き方をするのがとても愉快だった。

　このようなさまざまな回想の中で最も重要と思われる特徴は、親としての技術とかスキルとか世間一般が考えているものは何ひとつとして現われてこない点である。私が行なったすべてのインタビューを通じて、子供のいる親向けのマニュアル本から導き出されたと思われるようなエピソードは、ひとつとして口の端に上るようなことはなかった。たいていの場合、両親が意図してやったのではない行ないや、子供の発達のために良かれと思った事柄などは出てこなかったのだ。むしろ、皆が覚えていた両親の行動というのは、自然発生的な、またその場で思いついた類いのものや、全ての規則を破るようなものであった。こうした瞬間が記憶に残っているのは、子供が通常、両親から得ていたのとは異なったものだからである。こうした反応から、親の行動に関する理論を組み立てることもできようが、それをもって子供の発達に役立てるとか、特定の〝ハウトゥ的〟アドバイスとして使うことなどはできない。

人間らしさを表わそう

　しかし、マネジメントの場合はどうだろうか。むろん上司と部下との関係は、両親と子供との関係から類推して簡単に説明できるようなものではないことは、私も充分承知している。しかし、もしも組織の中にいる人々に対して、上司との関係において何か特定の出来事で思い出すことがあるかと尋ねたらどうだろう。その答は子供の場合と似通ったものになるだろうか。というわけで、会う人すべてに似たような質問をしてみることにした。そこで得られた答がどんなものであるかを、ひとつ想像してみてほしい。

■口述速記をとっていた時に、普段はきわめてビジネスライクな上司が、実に彼らしからぬ振舞いをしました。私自身は気づかなかったのですが、私の髪の毛に壁の塗り替えをした時のペンキが二、三カ所ついていたのを見つけて、わざわざ口述を止めて私をからかったのです。

■私が働いていたレストランで、閉店後に店長と飲んでいた時に、私を雇った唯一の理由は「別の人間を揺さぶって、いびり出すため」だったのだが、結果として私がこれまでに雇われた中で最も優秀なウェイターであることが判明したという話を打ち明けてくれた。

■救急救命士になろうとして一生懸命だった頃、上役がその仕事を三〇年間もやっていても、なお今でも時々怖くなることがあるとふと漏らしてくれたのを聞いて、とても気が楽になった。

■大学の教員に採用されたばかりの頃、学部長との関係がどうもぎくしゃくしてうまくいかなかったが、ある日えらく気持ちが高ぶっていた学部長が、自分のこれまでのキャリアが、いかにこと志に反していたかを話してくれたのがきっかけで、彼のことが理解でき、以前よりもずっと協力的な態度がとれるようになった。

■上役も私も経営側に我慢がならなかったので、二人して別の会社に応募した。結果としては二人とも元の会社に留まったが、この経験から二人の間に新しい連帯感が生まれた。

私の問いに答えてくれた人で、誰一人として経営管理技能訓練コースで学んだようなエピソードを掲げる人はいなかった。事実、大半の人は一般に認められた経営技術としては、とうてい考えられないような行動（からかうとか、感情面のコントロールがきかなくなったとか、部下と一緒に職探しするなどということ）を思い出した。そういうことは、上司本人ですら覚えていないような瞬間的な出来事が多く、またとるに足らないことのようだが、上司の人間らしさの一端を表わすものであった。こうしたささやかな出来事の中で、上司はスキルなどではなくて、自発性とか、あるがままの裸の姿とか、思いやりなどを示していたのである。

自然体こそ本来の道筋

親の場合でもマネジメントの場合でも共に、われわれが〝何をするか〟ではなくて〝どうあるか〟が肝心なのである。親が意図して行なうことは、結果的には、ほとんど違いらしいものを生み出してはいない。すなわち、子供が大きくなって幸せになるか不幸せになるか、成功するか失敗するか、良くなるか悪くなるか、ということとはほとんど関係がない。もちろん、親は子供のために、意味のある立派なことをすることができるし、またすべきではあるが、しかし本当に重要なのは親のあるがままのあり方なのである。例えば、子供に対して心遣いをしたり心配したりするか、それとも冷淡で無関心でいるか、ということである。たいていの子供は、親が望むと望まざるとにかかわらず、自分の親と同じような性格を身につけるものなのである。

経営やリーダーシップにおいても、同じような動きが起こる。部下として働く人々は、マネジャーであるわれわれのあり方を学び、それに対応する。いったん立ち止まってこの点を考えてみるならば、こうした自然体でのあり方のほうがおそらく本来的な道筋だといえよう。われわれが、自分の真実のあり方ではなくて、何か別なものを伝える技術などをもしも持っているとしたら、これこそまさに空恐ろしい世界だといえよう。

4 ◆ うまくいっている経営技法があったなら、それはやめなさい

人間関係に関するあらゆるテクニックは、それを身につけることによって、より効率的なリーダーになれると約束する。自分の判断をまじえずに話を聴けとか、部下の一定の行動に対しては正しく報いよという教えを授けられたマネジャーは、これで解答がみつかったと当初は感じる。ようやくのことでうまくいく手法がみつかった、というわけである。しかし、こうした気持ちはめったに長続きはしない。時間が経つにつれて、新しく見出したと思われるテクニックは、実際にはそれが本来意図する効果とは正反対に、より密接な人間関係をむしろ妨げるように作用することが分かってくるのが常である。

その最たる理由は、いかなるテクニックでもそれが一つの「テクニック」であることが誰の目にも明らかになれば、その威力を失うからである。「そんなふうに自分の話を

聴かないでくれ」「まるでセラピストのように自分を扱わないでくれ」「そちらがやっていることは見え見えですよ」「今、例の技法で私を褒めているわけですね」という具合である。

親や経営をめぐる前章での諸事例からお分かりのように、たいていの技法なるものは、それが用いられる前後の文脈《ながれ》や状況の中で効果を生みだすものなのである。すなわち、これまでの姿と対照的であればあるほど効果的なのである。仮にあるマネジャーが、それまでは全くといってよいほど部下に細かい注意など払わなかったのが、突然注意を払いはじめた時の効果は確かに劇的ともいえるものになろう。しかし、いつも部下に関心を払っているタイプのマネジャーならば、いきなり大きな関心を払うようなことをしても、そうした力は生まれてはこない。それと対照すべき逆のものがないからである。

ひとつの気持ちを伝えるために意識的に行使される技法は、無意識のうちに同時に発信されるところの、より根深く、またそれとは反対の感情によって引っくり返されてしまう。その結果出てくるメッセージの混乱は、受け手の気持ちを困惑させ、当惑させる。確固不動たる決意や、親愛の情や、注目していることを伝えようとメッセージを出しても、それとは正反対の気持ちの方がより真実に近い時は、そうした努力は徒労に終わる。

尊敬の念は失われやすい

マネジャーの中には、部下がそれと気がつかない形でこちらが望む行動を生み出すテクニックを発見しようと、いつも探しまわっている人がいる。これは非常にリスクの高いアプローチで、従業員からの尊敬の念や信頼をむしろ失いやすい方法であるといえる。その理由を説明しよう。仮に私がある技法を知っているが、部下の方にはその知識が欠けていたとしよう。そして私がこの知識を用いて部下の行動を何らかの形で変えることに成功したとすると、彼らに対する私の暖かい気持ちは必ずといってよいほど消え去ってしまう。それは相手側が愚かにも騙《だま》されたことになるからであり、その結果、相手に対する尊敬の念は失われざるをえない。

しかもこうした状況は、部下を「操作するべき」だと考えても、それができない時には、事態はより悪化する。実はこうした悪化する場合がいつもの姿なのだが、この問題を初めて明確にしたのが、カール・ロジャーズだと言えよう。彼は、治療にあたるセラピストが患者を操作できると考えた時に、その尊敬の念は見えざる形で侵食されることに気づいた。セラピストが本当に効果を上げるには、患者に対する敬意を持ち、何事が起ころうとも心を開いておかなければならないのである。

マネジメントについても同じことがいえる。さまざまなテクニックで武装して状況に臨むのではなく、自由で純粋な反応が流れ出てくるような開かれた気持ちで臨む能力が大事なのである。より秀でたマネジャーはテクニックを「超越する」。プロとして多くの技法は身につけたとしても、そうしたテクニックを超え、それを自分の背後に残しておいてこそ、本当に成功するのである。

本音は相手にも必ず分かる

ここで心に留めておくべき最も有用なアイディアの一つは、人間行動における「相互性の原則」と呼ぶものである。それは、時間の経過につれて、人間はお互いに同じような態度を共有するという原則である。すなわち、自分が相手を低く評価していれば、しばらくの間は相手の方は自分を高く見ていてくれるだろうが、こうした高い評価がずっと長続きすることはありえない。とどのつまりは、こちらが相手に抱くのと同じような気持ちを相手が持つに至るからである。

これが人間関係の「テクノロジー」をめぐるもう一つの落とし穴なのである。自分が本音では相手を尊敬していないのに、本当の感情を押し隠したままで、相手から尊敬されるような技法を手に入れられるなどとは決して信じてはいけない。

たとえば、コミュニケーション技術をものにすれば、コミュニケーションしている相手をコントロールする方法が身につけられると考える人がいる。しかし、こうしたものはいずれも自己欺瞞と五十歩百歩であると私は思う。結局のところ、相手はこちらの本音を発見し、こちらが相手を見るのと同じように、こちらを見るようになる。他方、そうではなくて、同僚や部下に対して純粋な尊敬の気持ちを抱いていれば、その感情は手練手管や術策を弄さなくても伝わっていくし、またこのことは相手にとっても同じことなのである。

5◆有能な上司はコントロールなどしない

もしも私の信じているように、人生のあらゆることにおいてパラドックスこそ原則であって例外などではないとすれば、マネジメントというものは本質的にはコントロールの手段を獲得し、それを行使することであるという一般に流布《るふ》している考え方を大幅に訂正する必要がある。コントロールと人間操縦のテクニックに基づくマネジメントでは、これまで述べてきたような不条理な事態にうまく対応することはできない。しかし、そうかといってマネジャーが全く行き場や出番がなくなるということではない。コントロールすることに頼りきっている者だけが行き場を失うのである。

私自身の経験からすれば、有能なリーダーやマネジャーは、コントロールすることを主たる関心事と見なしてはいない。そうせずに、さまざまな状況に対して、ある時は学び手として、ある時は教師として、またある時はその両方の立場からアプローチする。そして混乱を理解へと転換する。また、大局観や、より大きな構図を描く。集団の有する知恵や英知を信じる。彼の力はコントロールにだけ依存するのではなくて、情熱、感受性、ねばり強さ、辛抱、勇気、確固たる態度、熱意、驚きを失わぬ心などといった、ほかの資質からも強味を引き出してくる。

傷つきやすさこそ上司には必要

これもまた不条理ではあるが、結婚とか育児とか教育とかリーダーシップといったわれわれ人間の最も重要な営みは、ときとしてコントロールを「失う」ことがあるのだ。だがむしろ、どうしたらいいか分からないような、個人としての傷つきやすさや脆《もろ》さが増した時の方が、結果はうまくいくことが多い。

この現象を説明するにあたってはっきりさせておきたいことは、マネジャーとしていつも完全に受け身の姿勢だけだったり、あるいは逆にひたすら部下を締めつけ続ける状態がよいなどと言おうとしているのではないという点である。また、マネジャーは行動しなくてもよいとか、その権限を行使しなくてもよいとか、あるいは自分自身の優れた判断に従わなくてもよいとか言おうとしているのでもない。しかし、部下の側の人々に知っておいてもらいたいのは、あなたがたが向き合っているのは一人の生身の人間なのであり、自分たちを「管理している」人間と対しているのではないということである。そしてここでもまた、テクニックなるものが不適切であるという問題がからんでくる。

ここで誘惑とロマンスとの違いについて考えてみよう。誘惑するにはテクニックが必要だが、ロマンスにおいては手練手管は無用の長物である。傷つき、我を忘れ、運命に弄ばれ、嫉妬に身を焦がし、舞い上がらんばかりの恍惚感に浸ったかと思うと苦悩のどん底に突き落とされ……というようなすべての体験がロマンスを作り出すものである。もしも、こうしたノウハウなどを知っているとすれば、それはロマンスではなくて誘惑にしかすぎない。どうしたらいいか分からないのがロマンスを生むものなのである。

マネジャーは、ともに働く部下は自分に対して首尾一貫した態度をとり、自己主張もし、セルフ・コントロールをしてほしいと考えている。もちろん部下もそう思ってはいるが、ちょうど正反対なことも願っているのだ。われわれが純粋な自分のままであり、うわべを取り繕ったり言い訳をしたり、自己弁護じみたことなどしない姿を求める瞬間もあるのだ。すなわち、生身の人間としての自分が、たとえ傷つきやすくともそこに現われることを求めているのだ。

このことは、単にリーダーシップのことに関してだけではなく、人間が関わるすべての状況について言えることなのである。妻が夫に望み、子供が親に望み、われわれが他人にこうあってほしいと望んでいることなのである。たいていの議論や葛藤が無意識のうちに生み出そうと仕組んでいるのもそういうことであり、相手側も実はこちらに対して影響力を及ぼしていることを教えてくれるものなのである。

「技術」の誤った使いかた

アメリカ以外の国々に住んでいる人々は、人間関係という行為は基本的には正しいテクニックを見出すことだという、あまりにもアメリカ人的な考え方に困惑を覚える。アメリカの大衆文化が、セルフ・ヘルプ的な心理学のハウトゥ本や、身の上相談欄や、結婚マニュアルや、親業訓練クラスや、自己啓発ビデオなどによっていかに支配されているかに驚き、また時には面白がったりする。彼らはアメリカ人が、技術に関する考え方を誤って応用し、的外れなところに技術を嵌《は》め込んでいると考える。

多分そうした考え方が正しいのかもしれない。マネジャーであるかどうかにかかわらず、アメリカ人にとっては、何か理解したことをテクニックに置き換えないと気がすまないという傾向に逆らうことは不可能に近いように思える。何かの動きや働きが分かり始めると、アメリカ人はすぐにそれを動かし得るものと考える。これは物理的な世界においては正しいかもしれないが、人間関係という世界においては、真理からははるかに遠ざかったものだといえる。

たとえば、人間がどう成長するかを知ったとしても、それが即、子供を成長させるノウハウが分かったことにはならない。子供の発達や成長に関する専門家といえども、自分自身の子供を育てることにおいては余人と少しもかわりない。心理学や精神分析学の知識を持っている人のほうが人間関係の進め方が他人よりも上手とはいえないということもほぼ明らかであるし、事実、知っていることがかえって妨げとすらなる。

基本的な点からすれば、人間関係の進め方とか、子供の育て方とか、他人の導き方などといった、いわば人間としてのあり方は学ぶことができないものだと言える。それはなぜか？　人間が人間らしくあるための根本的な条件は、未来の予測などできず、弱くて傷つきやすい心を持ち、いつもびっくりさせられ、また恋人や子供や同僚を管理したりコントロールすることができないというところにある。

知らない方が幸せ

私もかつては、自分の子供や従業員や学生や友人を意のままに動かす方法を知りたいと思っていた。しかし今日では、それは到底できない相談だということが分かって、むしろ大変ほっとしている。しかもそれは私だけでなくて、ほかの誰もが皆そうなのだと思う。特に、最も愛する人々を自由に操ることは、私にはできない。そうできるなどと考えることは、むしろ恐ろしくさえある。そうではなくて、できないことが、また絶対に学びとれないということこそが幸せであると考える。

多くの人々はマネジャーとして、あたかも粘土をこねてこうあってほしいという形に嵌《は》め込むように、従業員を自分のスキルでもって思うがままに形作れると考えている。しかし物事の本当の動き方は決してそういったものではない。従業員はむしろ大きな粘土の塊や山であって、その上にわれわれが落下して、さまざまな、人それぞれの人型を残すようなものであり、しかもそこにできる痕跡は、こちらが残したいと思った痕跡とは違ったものなのだ。

6◆問題のほとんどは問題ではない

哲学者のエイブラハム・カプランからはこれまでも数多くの貴重な教訓を得てきたが、その中で最も大切にしたい点は、「プロブレム（問題）」に直面するのと「プレディカメント（苦境）」に立っていることの二つを区別することである。問題は解決しうるが、苦境という困難で困惑させられ辛苦で難儀な状態には何とか耐えて事態を受けとめ、曲がりなりに対処する以外に手だてはない。人生の多くの事柄、特に身近にあって重要なことは――結婚や子育てのように――複雑にからみあって、逃れることのできないジレンマそのものであり、いくらほかに選択肢があるといっても、いずれも似たりよったりで、さほどましなものとは思えない、これぞまさしく苦境や難局といえるような、業《ごう》のような閉塞状況である。この点はマネジメントにおいても全く同じだと思う。

解決しようとあせるほど悪化する

問題というのは、失敗とか欠陥とか病気とか嫌な経験により、事柄が誤った方向に行くことによって作り出されるものである。原因さえ見つかれば正すことができる。しかしながら苦境や難局や苦難というプレディカメントな状態は、逆説的に聞こえるだろうが、われわれが高く評価し、大事に思う諸条件によって作られるものなのである。だからこそ、それには何とかうまく対処するしか他に方法はない。

犯罪を例にとってみよう。人々は犯罪を「問題」として考え、そうした罪を犯す心を生み出す要因として、幼年時代の経験などの根本的な原因をいつも追求する。因果関係は単純なものほど好まれるので、人々は、犯罪はポルノとかテレビ番組の暴力的シーンを見るといった原因から生じることを立証しようとする。

ところが、不条理性を中心に据えた考え方としては、犯罪は主としてわれわれが放棄したくないと思っている社会現象――豊かさ、都市化、流動性、自由、物質主義、個人的自由、進歩など――によって存在している「苦境」であると考える。失業や貧困といった社会的な病理現象も、なるほど犯罪の増加に対してひとつの役割を果たしてはいるが、アメリカよりもはるかに貧しい他の社会の中には、実質的に犯罪ゼロに近いところがある。逆説的なことだが、アメリカの犯罪は、進歩であり発展だと考える事柄と深く関係しているのだ。

また、犯罪をコントロールしようという努力から生まれてくる新しい問題もある。例えば刑務所は、犯罪者が出所後にもっと重い犯罪を犯すための訓練の場とすらなりがちである。このようにして、本来なら解決困難ないし不能な「苦境」として取り扱うべきものを、解決可能な「問題」として取り扱ったために、かえって状況がより悪化してしまうことが多い。

より大きな枠組みで対処せよ

たいていの人々、特に組織の下のほうの管理階層にいる人々は、自分たちの役割は問題を解決することだと考える。確かにかなりの程度はそうであると言える。一定の状況を分析評価し、それを幾つかの細かい部分に分け、それぞれの細かい部分一つ一つに対して順々に対応していく。しかしながら組織階層を上昇していって経営者となると、問題ではなくて苦境に対応することのほうが次第に増えていく。優れた経営者ならば、純粋な分析的思考方法では苦境には対応できないことがすぐに分かる。苦境に対処するには、ひ
苦境や難局に対しては、より創造的な発想法が必要である。苦境に対処するには、ひ

とつの状況をめぐるより大きな枠組みを持ち、数多くの文脈の中でそれを理解し、またより深いところまでその本質を見抜き、しばしば相矛盾するような原因と結果までしっかりと摑み取る能力が要求される。残念ながら、こうした難局を手際よくスムーズに処理するなどということはできない相談なのである。

7◆技術は意図した狙いとは正反対のものを生み出す

電気洗濯機の家庭への導入は、毎日のように一日の大半を衣類の洗濯に費やしている主婦を、この重労働から解放するはずであった。しかしそれは毎日きれいな衣類を着るという考え方をも生み出した。その結果、清潔さに関する新しい基準が出てきたために、衣類を今まで以上に数多く洗濯する必要が生じてしまい、結局のところ、洗濯に費消する実際の時間数は以前と同じままという皮肉なことになってしまった。同じように、ペーパーレス・オフィスを作るはずだったコンピュータの導入も、実際にはオフィスの中の紙の量をぐんと増やす結果となったのである。

テクノロジーは、数えきれないほどの多くの方法でわれわれを助けてはくれるが、他方、必ず逆効果をもたらす。こういう現象を医学の世界では「医原病」と呼んでいる。

外科手術後の合併症、薬の副作用、院内感染などがその例である。もし現代医学がここまで進歩していなかったならば、今ある一〇〇〇近い病気は存在しなかったはずなのである。そして、どの病院でもスタッフの時間の半分は、こうした医原病の防止と治療に費やされているのだ。

予期せざる反対勢力の登場

技術が逆効果をもたらす問題は、科学のさまざまな分野において広く見られる。生態学の分野では、人間の利益のためや、いくつかの種を保護するために自然に介入した事例が数多く見られるが、そうした介入はいったんは成功したように見えても、結局はそうした種そのものに予期せぬ損害を与え、そのために当初の成功も台なしになってしまうようなダメージを生み出すことが多かった。

たとえばパキスタンでは、水はけが悪かった農地に灌漑と施肥の技術を適用したがために、より耕作に適したさらに広大な農地に悪影響を与えてしまった。身のまわりの例でも、エアコンが空気を汚染し、ハイウェイの拡張がハイウェイ自体の混雑を増すだけでなくて、それによって結ばれている都市や町の交通状況も悪化させているのが分かる。殺虫剤や防腐剤は、われわれの健康を危険に陥れている。

一つの技術を適用するたびに、必ずや意図したところとは正反対の、拮抗《きっこう》勢力が生まれてくる。ここで危険なことは、もちろん、技術を使うことに夢中になるあまりに、それが招く結果を考えなかったり、その製法に惚れ込むあまりに、製品そのものに目がいかなくなることである。

デザイン業界においても、かつてはプロのデザイナーが生み出していた技巧を、コンピュータが作り出すようになってしまった。今やさまざまな種類のグラフィック・ソフトウェアが手に入る。経験を積んだコンピュータのオペレーターならば、プロが生み出したデザインとほぼ同じようなグラフィック・デザインを作り出すことができ、その両者の違いは素人にはなかなか見分けがつかない。

しかし、ここでわれわれは、才能豊かなデザイナーのみが示すことができるエレガンスやユーモアや創造性が欠けてはいないかと問い直すべきなのである。テクノロジーを広めるために巨額の金を払った結果、コンピュータさえ使えば数多くの人々がデザイン能力を発揮できるようになったが、一方では逆に、最もクリエイティブなデザイナーがその力を示す機会を事実上減らされている。多くの人々のデザイン能力を向上させるための努力が、デザインの質を減殺するという逆効果をもたらしているのだ。

逆効果を覚悟せよ

「あっと驚く」ような新技術に出くわすたびに、われわれは真剣に、次のような問いを投げかけるべきである。診断と治療にＭＲＩ（磁気共鳴画像）技術が利用されるようになって、果たしてわれわれの健康状態が改善され、寿命が伸びたのだろうか。学校教育に視聴覚技術が導入された結果、学生の知的レベルは上がっただろうか。今やどんな建築事務所にも見られるほど普及したＣＡＤ（コンピュータ支援設計機器）が、建築そのものを向上させただろうか。残念ながらそのいずれに対しても、答はまだノーであると思う。

新しい技術がもたらす興奮には抗《あらが》うことはできない。それまでは煩わしくて骨の折れる仕事だったものが、夢にも思わなかった斬新なやり方で達成できるからである。しかしここでのジレンマは、新技術にともなう逆効果は一見無関係な部分に、しかも複雑なやり方で現われてくるために、それがどんなものかをあらかじめ知るのが困難な点である。だが、逆効果は必ずや出てくるものなのだ。

8◆われわれは技術を作り出したと思っているが、技術のほうもわれわれを作り出している

自動車は現代の「都市」を作り出しただけでなく、その対極の座にある「郊外」をも作り出した。車がかつて可能にしたこと――すなわち商業地、住宅地、観光・娯楽地帯、工業地帯をそれぞれ分離することは、今や常識とすらなっている。

自動車はまた、負傷と死亡の主要原因の一つともなった。自動車の存在は、われわれの求愛や求婚のパターンのみならず性慣習をも変えたが、とりわけ環境に巨大な変化をもたらした。自動車こそ、テクノロジーがわれわれの生活に及ぼす強力な影響力を示す最たるものと言えよう。

自動車製造業だけでなく、道路建設や諸サービスを含めると、われわれの経済の二五%が自動車関連ビジネスに結びついている。われわれが自動車を作り出したと思ってい

るが、実際には、自動車の方もわれわれを作り出しているのだ。たとえば、自動車は、歴史上どんな社会においても見られなかったほどの大きな負担を現在の親に強いている。郊外に住む親は自動車を運転して、あちこちに子供を連れて行かねばならない。また、子供が交通事故に巻き込まれないように、常に注意を払わなければならなくなった。過去においては、車の数が非常に少なかったので、子供たちはかなり安全に自分たちの地域社会を歩きまわることができた。しかし、これだけの数の自動車が存在するとなると、家の敷地を離れることは非常に危険である。

このような意見に対して、裏庭をフェンスで囲って四六時中子供から目を離さないという考え方を親が抱くようになったのは良いことだ、と反論する向きもあろう。しかし、子供が安全に遊ぶことができた時代には、親はここまで責任を持たなくてもよかったのだ。自動車は、親に要らざる不安感とフラストレーションを与えることになった。こうした気持ちの上に、さらに疎外感が加わると（この孤立の感覚も自動車がもたらした郊外化に根ざす場合が多いのだが）、しばしば暴力を誘い、不幸にして世界最高水準といわれるアメリカ社会での児童虐待を発生させる一因ともなっているのである。

こう見てくると、自動車が、誰も夢想だにしなかったほどの強大な影響力を親に及ぼしているのが分かる。

組織は技術が作り出す

技術はいつもわれわれを作り出す。

たとえば組織は、われわれが利用しうるコミュニケーション技術によって形成される。人類の最も古い組織である部族社会では、あらゆる事柄の処理が、叫べば聞こえるところで行なわれていた。遠隔地域へもメッセージが送れるようになるにつれて、より多様な形の社会組織が形成されはじめた。郵便制度は、中央集権的な組織の誕生を可能にした。電信電話技術の発達は、国際組織を育て上げた。

コンピュータは、全く新しい、究極的にはオフィスの要らない組織を創り出している。またコンピュータ・テクノロジーに基づく今日のビジネス・コミュニケーションが及ぶ範囲は、組織が使用している建物の内部のみという伝統的な地理的限界を越えて、現場に出ている従業員はもちろんのこと、取引先や顧客、コンサルタント、時には競争相手をも巻き込むほど広がってきている。マクドネル・ダグラス社は社内コミュニケーション・システムを再構築するにあたって、最大のライバルであるロッキード社をも包含しなければならなかった。マクドネル・ダグラスは、一方においては競争しつつも、他の側面ではロッキードと協働しなければならなかったからである。

コンピュータ・ネットワークは、これまで存在しなかった「コミュニティ」という人間関係を創り出した。コミュニティの成員は、お互いに同じ部屋にいるわけではないが、強い仕事上の関係と強靭な友情に基づく連帯感を抱く。これは一部には、人間がこれまで通常の会合におけるよりも、ずっと胸襟を開いて率直に「しゃべる」ことを技術が求めていることに起因する。ネット上での関係は、実際に顔を合わせて生まれてくるものにも勝るとも劣らぬ親近感を生み、また非常に深みのある人間的なものになり得るのである。

こうした現象は驚くにあたらない。人類の歴史上、最も深遠な政治論議も、また最も熱烈な恋愛も、いずれも文通によって行なわれてきた。ともすると最上のコミュニケーションは、人間同士がお互いに会って触れ合うことから生じると考えやすいが、必ずしもそうではないのだ。なるほど物理的な親近感が必要なこともあろう。しかし面と向かってのコミュニケーションは、そうしたシステムの中により多くの「騒音《ノイズ》」をもたらし、各人の表現をより制約することもしばしばある。逆説的なこととはいえ、われわれの社会を非人間化する恐れのある技術そのものが、人間をより結びつけ、生活の中にコミュニティ感覚を回復させ、人間関係を深める手段を提供するのである。

と同時に、コンピュータの発達とそれが可能にした先端的コミュニケーション・システムは、次のような新しい難問をもたらす。コンピュータ・ネットワークを日常的に使用するマネジャーにとって、適切な部下統制の範囲とは何か？　部下の監督のあり方は、どのような性質のものか？　組織のトップからボトムまで（その逆も含めて）垂直的な情報へのアクセスがきわめて簡単になる場合のミドル・マネジメントの役割とは何か？　こうした技術は民主化を促進するのか、中央集権化を促すのか？　プライバシーや忠誠心やアイデンティティや機密保持といった問題はいったいどうなるのか？

技術はそれ自身の生命を持つ

こうした問題は全て、技術がわれわれを作り変えたことから生まれてきた。われわれはこれまでとは異なった存在となり、また将来も変化しつづけていくであろう。ちょうど前述したように、自動車がわれわれを変えたのが予期できなかったごとく、どのようにしてこうした違いがわれわれのあり方を変えていくかは、まだほとんど分かっていない。これまでは、技術はごく自然なもので、人間にとっても穏やかな存在であり、人間は技術をコントロール下に置くことができ、問題となるのはその利用法だけだと考えられてきた。しかし、それは誤りである。技術はそれ自身の生命を創り出す。それ自身の自律性をもつ。エマソンも喝破したように「モノの方が鞍にまたがってヒトを支配し乗りこなす」のである。しかも技術は今さら捨て去ることはできないのだ。ほんの少し考えてみれば、自動車を、TVを、あるいはコンピュータをすべて放棄することなど、それは到底不可能なことが分かるだろう。

テクノロジーは、あたかも止めることのできない巨大な車のように、われわれを乗り越えていき、それに対して影響を与えられる可能性は非常に小さい。そのうえ、技術の応用から導き出される結果は、期待されたところと異なるどころか、意図したものの正反対になることの方が多い。この点をしっかり理解することによってのみ、マネジャーは技術を賢明な形で利用し、その影響を評価し、それがもたらす予期せざる結果に対して理性的に対処する準備ができるのである。

第三部

コミュニケーションのパラドックス

9◆伝えれば伝えるほど伝わらない

人間はもっとコミュニケーションする必要があるという考えは、マネジメントにおいてはもちろんのこと、すべての人間関係において最も広く受け入れられている考えだと言ってよいだろう。「カウンセリング」「チーム・ビルディング」「コンフリクト・レゾリューション（対立の解決）」あるいは「ネゴシエイティング（交渉）」など、いかなる名前で呼ばれようとも、結局のところ、すべては、良く話し合えば事態はより良くなるという同じ一つの考え方に帰着する。

しかしこれは正しくもあり、間違ってもいる。もちろん私は、話し合う必要などない、と言うのではない。だが、コミュニケーションというものは、人間に関わるすべての事柄と同じように、こちらが思うようにはめったに巧くは行かぬものなのである。たいていの組織は、実のところコミュニケーション不足どころか、むしろ〝コミュニケーション過多〟になっているのが現状だ。会合、メモ、電話、電子メールなどが、マネジャーはむろんのこと一般従業員に対しても圧倒せんばかりにのしかかってきている。そしてわれわれは、すべての人間がすべての事にかかわっていなければいけないと、次第に思い込むようになってきている。

こうした考え方が偽りだということを立証した古典的な実験ともいうべきものが、かなり以前、経営コンサルタントであると同時に組織心理学者でもあるアレックス・バヴェラスによって行なわれた。この研究は「ラインとサークルの実験」として広く知られるようになったものだが、まず参加者を二つのグループに分けた。第一のグループでは、全ての情報は中心人物となる一人の人間からグループ・メンバーに知らされた。いわばトップ・ダウンのライン・マネジメントだといえよう。もう一つのグループでは、情報はちょうど参加型経営のように、サークルをなす成員全体に提供され、共有された。

次に両方のグループに同じ問題を与えて解決するようにとの指示がなされた。たとえば、両グループの各メンバーに違った色のビー玉が入った箱をいくつか渡し、すべての箱に共通した一つの色は何かを発見するという問題である。ビー玉がそれぞれすべて単色のものだけの時は、区別することも、何色だということもたやすいので、前者の一直線になったラインのグループの方が、輪になって隣の人間と話すことができる後者のグループよりも成績が良かった。しかしその次に問題をややひねり、もっと複雑なものにした。ビー玉はもはや単色のものではなくなり、幾つもの色を混ぜたまだら模様のものに替えられた。隣の人間と話すことのできるサークル・グループの方が、この変化に早く適応でき、したがって「リーダー」のみが話すことのできるライン・グループよりも良い成績を上げることができた。

この研究結果は、長年にわたって参加型経営の考え方を支持する根拠として用いられてきた。しかしながら、この研究調査であまり知られていない一つの事実が、われわれの興味を誘う。この一連の実験において、全てのコミュニケーションの流れがオープンになった時、すなわち参加者が隣の人間だけではなくてグループ内の全員と話ができるようになった時には、グループの問題解決能力は著しく低下し、最終的には事実上麻痺してしまったのである。これを換言するならば、コミュニケーションにはいつも最適なレベルというものがあり、それを越えて、あるいはさらに拡大すると、コミュニケーションは機能不全に陥るということである。コミュニケーションにも一定の限界が存在するのだ。

完全なコミュニケーションは退屈を生む

完全なるコミュニケーションというものは、まことに退屈きわまりないものとなりうる。マネジメント・トレーニングの一環として、正確なコミュニケーションを達成することがいかに重要で難しいかを実証する演習がある。そこでは、参加者は前の人が言ったことを完全に理解した旨を前の人に納得させない限り、その中身を次の人にしゃべってはいけないという決まりになっている。しかも前の人のメッセージを単にオウム返しに繰り返すのではなくて、自分のことばに置き換え、確認し、その要約した内容が正確なものかどうかに関して、前の人の同意を取り付けなければならないのである。これは充分推測のつくことだが、この同意の取り付けがなかなか厄介なのである。この演習を続けていくと、やがて参加者は注意深く傾聴することの必要性と価値を学び取るのである。

しかしながらこの実験が数分以上続くと、参加者はイライラしてくる。話し合いをめぐる熱は冷め、お互いに完全に理解しうるようにはなるものの、とてつもなく退屈なムードに陥る。正確なコミュニケーションは、退屈であると同時に、人の息をつまらせる。この演習によって、情報を正確に伝達することは、われわれの生活の中においてコミュニケーションが果たす役割としては、ほんの一部でしかないことを思い知らされる。

権力は隠れ蓑を着て現われる

多くのいわゆるコミュニケーション問題といわれるものは、実のところ権力の均衡化の問題なのである。それゆえ、力関係において大きな不均衡が存在する場に、完全にオープンなコミュニケーションを取り入れようとすることは、決して賢明な策ではない。そのようなことをすれば、意図しないにしても、すでに強力なものの力を一層増大させ、すでにその持つ権力の弱きものの力をさらに低下させるという破壊的な結果を生み出す。たとえば、結婚問題を扱うマリッジ・カウンセリングにおいては、拒絶され無視されていると感じている人が、当の拒絶している人に自分の求めるところをコミュニケーションせよなどと言われることがある。しかし、このアドバイスを実行すると、拒絶されている人の魅力がますます薄れ、拒絶している方に対する立場が一層もろくなる。

同じことは上司と部下の関係についてもいえる。部下が上役に対して正直に話し合えと言われると、その立場をより脆弱にするというリスクを冒し、有害な結末をもたらしかねない。私の知っているある女性は、同僚から、「上司のところに直接行って、思っていることをはっきり言ってみたら」と言われてその通りにしたら、その直後に首を切られてしまった。果たしてこういうことをする人が、そんなにいるとは思えないが、本当に忌憚《きたん》のないコミュニケーションができ、またそれを行なうには、両者のパワー・バランスが比較的良くとれていて、お互いの力が平等に近い時のみだと言ってもよいだろう。

情報伝達はどこまで重要か?

すべてのトラブルはコミュニケーションを良くしさえすれば解決しうるなどと思っている人は、次のようなことを耳にすると、きっとびっくりするに違いない。ウエスタン行動科学研究所が行なったある調査プロジェクトの中で、一つの実験として、大手の航空機会社に情報センターを設けたことがある。何か質問したいことがある従業員は、このセンターに連絡すれば何でも答が得られるようにしたのである。研究当事者であるわれわれを最初に当惑させた点は、このセンターが、質問してくる人々を満足させることに成功して段々とその人気が高まるにつれて、経営側が神経質になってとてもイライラしはじめたことである。

経営側は、命令系統がバイパスされることや(「従業員に何か分からぬことがあるならば、直属の上司に聞けばいいのだ」)、仕事に直接関係のない質問ができることや(「クリスマスの四重唱では誰がバスを担当するのか」)、このセンターが組織として利用されすぎるようになると手に負えなくなるのではないか（「一日一〇〇〇件もの電話がセンターにかかってきたらどうするのか」）などと心配しはじめたのである。問い合わせの電話が一日数百件に達した時、このセンターは中止された。この話は、情報を迅速かつ正確に伝えることは、組織上の他の問題点に比べて、経営側にとっては重要性が低いことを如実に物語るものといえよう。

データなど問題じゃない

たいていのトップレベルの経営者は、会社の経営情報システムに連結しているコンピュータなどはほとんど使わない。なぜ使わないかという理由としては、コンピュータに疎《うと》いからだという答が通常返ってくる。しかし実際のところ、こうしたマネジメント情報システム（MIS）などというものは、経営者が本当に欲し、必要とするものを与えてくれないからである。不条理といえばそれまでの話だが、マネジメントに奉仕しない情報システムというのが、MISの真の姿なのである。

山のようなデータを集めて蓄積するこうした情報システムは、必ずと言っていいくらい、経営者の実際のニーズを無視している。MISに蓄積されているのは、経営者以外の人々が、その人なりに「これが経営者のニーズに違いない」と勝手に判断した、いわば推測情報ばかりだからである。

こうした推測は確かに論理的な前提や仮定に基づいてはいる。経営者にとって、人事統計や、在庫状況や、営業成績などが必要だろうと考えているわけである。しかし、この手の情報のほとんどは、質的なものというよりも量的なものが中心であって、論理的な分析などにはほとんど馴染まない。苦境状況《プレディカメント》にとり組んでいるトップ経営者には、ほとんど物の役には立たないのである。

こうした経営者が要求するのは、データを包括的に並べ立てるよりも、むしろ同僚からのアドバイスである。情報に手を加え、「料理した」解釈や意見がほしいのである。それだからこそ経営者は、会議やメモや電話などによって、四六時中コミュニケーションに時間を費やしているのである。データとお互いに顔を合わせるのとどちらをとるかと問えば、一も二もなく、お互いの顔合わせの方を選ぶのである。

近い将来、コンピュータはわれわれの労働環境のありとあらゆるところに、見えない形で、しかもわれわれの労働スタイルに対応する形で、置かれ、埋め込まれるようになるだろう。すでにコンピュータは、文字も音声も静止画も動画も機械翻訳も処理することができ、また恐ろしいほど巨大なデータベースを操ることもできるようになっている。エンジニアの方も、やがてこうした素晴らしい最先端技術が重役室の中にも入り込んでいくという自信をもっている。しかし、トップ・マネジメントに本当に役に立つようにするというならば、トップ経営者同士が実際上、どのような相互作用を行なっているかの研究に基づいて情報システムを構築しなければならない。いうなれば、トップ・ダウンの形で設計された情報システムでなければ、組織の戦略的な関心事に対して現実的に貢献することは決してできないのである。それ以外の情報システムは一顧の価値すらない。

10 ◆ コミュニケーションにおいては中身よりも形式の方が大事だ

経営者が顔を真っ赤にして「興奮しているって？　わしゃ、しとらんよ！」と叫んでいるのを目のあたりにする時、言葉よりも感情の方がずっと重要なことを改めて思い知らされる。だからこそ、すべてのコミュニケーションにおいて、歌詞も当然のことながらメロディーにも耳を傾けることが、すなわち言葉そのものと同時に、言葉の背後にある感情を読み取ることが不可欠なのである。

同じように、中身が全く同一であっても、書かれたメッセージは話されたものよりもより重味を持つことを、われわれは知っている。そして同じ書かれたメッセージでも、手書きよりもタイプで打った方が重味があり、さらに印刷した方がより貫禄がある。表現形態が言葉そのものよりも重要にすら思えるくらいなのである。

たとえば、ある企業に電話をした時に受付の人が英国式アクセントで答えたとすると、われわれはその人に対して並はずれて知的水準が高いというイメージを抱きやすい。また企業そのものが万事きちんと折目正しく感じられ、プラスのイメージを抱きやすい。確かにレターヘッドとか年次営業報告書とか広告とか、はたまた建物そのものですら企業イメージを伝えるという考え方は、いわば中身に対する形式の勝利なのである。

「メタ・メッセージ」の力をあなどるな

こうした現象を最も微妙な形で伝える例として、私が「メタ・メッセージ（黙示の隠れたメッセージ）」と呼ぶものがあげられる。それははっきりと目に見えるものではないが、にもかかわらずその存在を否定することはできない。たとえば、社会批評家として知られるアイヴァン・イリッチが採り上げているような、学校における隠されたカリキュラムのことを考えてみよう。大人は子供の時に教えられたことの多くを憶えてはいない。かつてはできたにしても、今では中学一年程度の歴史の試験でも、われわれの大半は合格しないだろうし、平方根の計算ですら危ないものである。

しかし、隠されたカリキュラムの中で教えられたことは皆、忘れないで憶えている。われわれは学校で、静かに座っているとか、手を挙げるとか、順番に並ぶとか、目上の人の権威には従うとか、許可を得ることなどを学んできた。さらに、学校の先生には女性が多く、校長や教頭には男性が多いとか、何を話してよくて何を話すべきではないかなども学んできた。こうした教訓や内容は、決して忘れることがない。それというのも、こうしたことは実際のカリキュラムの一部としてではなく、儀式とか教育形態として学んだからである。これらはいずれも私の言う「メタ・メッセージ」である。

人間生活の全ての側面において、この「メタ・メッセージ」は、メッセージそのものよりも強力になりやすい。この点は特にマネジメント・トレーニング・プログラムにおいて言える。こうしたプログラムが存在すること自体が、受講する人はもちろん受講しない人に対しても、マネジメントというものは教えることができ、履習することができる一つの技術だという誤ったメタ・メッセージを伝えている。しかし、前述したように、効果的な優れたマネジメントは、単に諸々の技術やスキルを習得するだけの事柄ではない。マネジメントという仕事を行なうやり方はたくさんあるのだ。

にもかかわらず、マネジメント・トレーニング・プログラムにまつわる誤ったメタ・メッセージは、経験豊富なベテランのマネジャーに対してすら、とてつもない重荷を課している。だからこそ、新しく手にいれたはずの「技術」は身につかないのだ。そのために何となく自分は力量不足だと思い込んで自信を失い、どんなことでもいいから何らかの行為をしなければならないような気持ちへと追いつめられ、そうして生まれた行動は憂慮すべき結果をもたらす。

会議では席順が大事

形式が中身よりも優位に立つもう一つの例として、会議や打ち合わせで席順をどう割り振りするかを見てみよう。よく見られる長方形のテーブルの一端にリーダーが座る式のやり方と、円卓のまわりに、特にリーダーを区別せずに皆が座る会合とでは大きな違いがある。同じ人間が同じ議題で討論するにしても、両者の会議の展開のしかたはきわめて異なったものになる。

さらに、テーブルを取り除いて椅子だけで円陣を作って座り、各人が直に向かい合うようにすれば、会合の流れはもっと違ったものになると断定できる。加えて、上着をとりネクタイもはずせば、一層違ったものになるし、靴を脱いで床に座ればさらに大きく様変わりする。こうした諸段階ごとに、ディスカッションはより形式ばることがなく、参画度も高まり、ずっと打ち解けたものになる。形式以外は何ひとつ変わっていないのだが、その形式の変化ゆえに、すべてが変わってくるのである。

オフィスの設計が発するメタ・メッセージについては、誰もが充分に承知しているところである。フロアの角に位置する大きなコーナーにカーペットを敷きつめ、巨大なデスクを置き、その他いろいろな権威を象徴するものを室内に配置し、背もたれの高い革の椅子を置けば、そこに誰が座っていたとしても、来訪者を威嚇することは間違いない。

儀式を忘れてはならない

今まで述べてきたことは、われわれは自分が言ったり書いたりすることの中身にのみ拘泥しがちなために、とかく形式を忘れやすいことを教えてくれる。感情とか儀式とか取り決めとか社会的・物理的設計といった全てのことは、一つの経験を組織化して伝え合う方法の中に暗示されているものだが、とうてい無視できない重要性を持っているのだ。この点を考慮に入れれば、本来の意図したメッセージとは矛盾せずに、またそれを損なうよりもむしろ強めるようなメタ・メッセージを送ることが可能になる。

11 ◆ 聴くことは話すことより難しい

純粋な気持ちで他の人の話に耳を傾ける時には、感情まで共有しうるという特別な共感の世界の中に入ることができる。これは希有《けう》なる経験の一つではあるが、その両当事者にとっても報われるところが多い。聴くことの技術を教えることが、あらゆるマネジメント・トレーニングの中に採り入れられるようになったのは、傾聴することが非常に多くのプラスの結果を生んできたからである。では、話を聴くことがそれほどの満足をもたらし、効果的なものだとしたら、なぜ職場ではそれが少ないのだろうか。なぜマネジャーは聴くことをもっとしないのだろうか。

その理由はたくさんある。とりわけ重要な理由は、人の話をじっくり聴くということが、たとえ耳を傾けることの経験に富んだ人でも、途方もなく難しい行為だからである。

だから、それを手っ取り早く身につけたり、いともたやすく行なうことを人々に期待するのは、非現実的であると言わなければならない。それをするには、「そう、その通り。それこそ私の本当に言わんとするところです」というような合意を相手から得るために何回も何回も確認を求めなければできないからであるが、これは至難の業《わざ》であることが分かる。だから、うまくいくよりも失敗することの方がずっと多い。

場合によっては、聴くことそのものがむしろ不適当なことすらある。リーダーは時として、他人の考えを無視して自分の直観のみに従い、一連の行動に対して執拗なまでにしがみつく必要すらある。人の意見を純粋な気持ちで聴くことは、必ずしもこうした行動の貫徹を脱線させることにはならないのだが、それは、ままある。ジミー・カーターやビル・クリントンはともに優れた聴き手ではあるが、コンセンサスを築こうとしてあまりにも多くの時間を聴くことに費やしたがゆえに失敗している。

人の話を聴く時に、マネジャーは相手の言わんとすることだけに焦点を絞り、また相手がどう世の中を見ているかに注意を集中させるので、かえって自分の心のあり方が制限されていると感じやすい。通常、人間は円滑なコミュニケーションの流れの中で自由に往き来するには、心理的にも、より広いスペースが必要なのである。聴くことは、このような広がりをもった心理空間を否定してしまう。

これはちょうど車を運転する場合と似ている。いつも道路にのみ焦点を当てて目を凝らしているわけではない。それでは余りにも狭すぎる。風景を見たり、食べたり、飲んだり、しゃべったり、歌ったり、抱き合ったり、キスしたり、ラジオをつけたりする。われわれが他人の話に耳を傾けないのは、聴き方が分からないからではなくて、聴くことが自分の心を制限してしまうと感じているからなのである。

聴くことはジレンマを生む

聴くことはまた邪魔にもなる面倒な経験だとも言える。われわれは世の中を一定の方法で見たいという強い要求を持っているので、真剣に人の話を聴くと、他人の見方を理解するようになるために、自分自身の見方の妥当性が問われて変えられてしまいそうだというリスクを冒すことになる。同様に、他人の意見に耳を傾けるということは、自分自身の自己防御機構を自覚し、他人を逆に変えたいという自分の衝動に対しても意識しなければならないことを意味する。これには、かなり高い水準での自覚や自己認識や、時として自己批判をすることまで要求されるので、こうしたことを長く続けるのは並大抵のことではない。

聴くことは、相手に対する信頼感や心を開くことや尊敬の念を強く要求するが、こうした特性は最も経験豊かな聴き手ですらいつも維持することは難しく、一つの決まった形で表われることはめったにない類いのものである。それは、スキルというよりは態度とでも称すべきものである。最も優れた聴き方は技術からくるのではなくて、相手の最大の関心事に対して純粋な気持ちで興味を抱くところからくる。聴くというのは、辛抱強く相手の意見に耳を傾けて、それをとことん吐き出させる以上のことなのである。

マネジャーにとって聴くことは特別なジレンマを起こさせる。ある研究結果によれば、人間はコミュニケーションの流れを逆にする時の方が変わりやすいという。すなわち、こちらが相手に話をするのではなくて、相手側に話すチャンスがある時の方が変化しやすいということである。しかし、一般的な見解として絶えず説かれているのは、リーダーという存在は偉大なコミュニケーターでなければならず、人を鼓舞激励し、その聴く能力「ではなくて」、その話す能力で成功するものだとされている。

最後の大事な点として、聴くことには伝染力があって、心を込めて聴いてもらった人は、同じようにほかの人の話を聴く能力を身につけるようになるものだと、これまで考えられてきた点があげられる。残念ながらこれは多分、実際には起きていないことである。人の話を模範的な形で聴いたにしても、それが広がっていくだろうというのはあくまでも甘い希望的観測であり、たとえ広がったにしても、それはごくわずかなものである。

人間操縦の術策として用いるな

一九五五年にカール・ロジャーズと共同執筆した小冊子の中で、私は「積極的傾聴法(アクティブ・リスニング)」という言葉を経営用語として使い、また人間関係訓練の中に持ち込んだ。当時そこで語ったことのかなりの部分は今でも正しいと考えているが、今日ではあのような論文はとうてい書けそうにもない。その主たる理由は、純粋に傾聴することを一つのテクニックに還元することなど絶対に不可能だと信じるに至ったからである。

誰かが話を聴いてくれたり、腹を割って接してくれたり、褒めてくれたりすることによって、心が豊かになったり活力を覚えるという特別な瞬間は確かに存在する。だが、こうした技能を人間関係やマネジメント技能教育の一環として教えることを分析してみると、そこに何か品のない、人間操縦のすえた臭いが感じられてならない。

それはあたかも、ほとんど名前程度しか知らない人に声をかけるための記憶術を学んだり、信頼感を得る方法として自分の腹をわざと割ったりするのと同工異曲である。われわれにとって不幸なことは、人間の情感を覆う全ての分野が、経営技術者のための手段を選ばぬゲームの場となってしまっていることなのである。

12◆人は褒めても、やる気を起こさない

かなり前から私は、人間は褒められるとより良く働くという、誰もが真実だと思っている考え方に対して疑問を抱いていた。人を褒めるということは、最も広く用いられ、また全ての人間関係の技術の中でも徹底的に様々な証拠によって裏打ちされたテクニックなので、こんな突拍子もないことを言うと、皆が私に猜疑の眼を向けるということも充分承知の上のことである。親もマネジャーも心理学者も教師も、賞讃は動機づけのツールとして、報酬として、また良好な人間関係を築く方法として充分価値あるものだと信じ込んでいる。それに値打ちがあると考えるのは、われわれは皆、尊敬する人が自分を高く評価していることが分かると、心がときめくのを体験しているからである。

しかし、人を褒めるということが経営管理技術として意識的に用いられた場合に、予

期された効果をいつも発揮するかどうかには、実は、私は疑いを抱いている。褒めることには（大半は無意識であるにせよ）そうした貴重な機能がないというのではない。しかし、その「動機づけをめぐる」価値に対する信念なるものについては、もっと綿密に検証する必要があると思うからである。それでは、次のような点について考えてみよう。

●褒めることはむしろ脅迫として受けとめられる

褒められた場合の人間の対応のしかたを観察してみよう。何となく気まずい思いをしたり、落ち着かない気持ちでもって反応するのではなかろうか。ごく一般的な反応としては、それとなく否定したり、やんわりと逆に非難したりする。「そんなお褒めにあずかるようなことはしてません」とか、「これはお上手をおっしゃいますね」とかいう具合に。ある人の持ち馬なり庭を褒めると、そのオーナーはすかさず、それぞれの持つ欠点を指摘する。従業員に対してその行なったプロジェクトのことを褒めると、時として は自分がそこで果たした役割など大したことではないと言下に否定する。こうした自己防御の構えは、当然のことながら、そこで行なわれている賞讃が真に自分が勝ち取ったものでなかったり、それに値しないと思った時には一層強くなる。

人間がこのように自己防衛的な反応をするのは、賞讃の中に実は脅迫の種子が混じっているからである。とどのつまり、褒めることは一つの評価であり、そして評価され判断されることは、通常の場合、たとえそれがプラスのものであったとしても、人間の居心地を悪くさせる。加えて、人を褒める時には、相手を動機づけ、一定の方向に動かして「変えよう」としていることが多い。変革することを強要されたり威嚇されたりすることは、いつの時でも人を不安にさせずにはおかない。

●褒めることは相手の本当の価値を認めるよりも、相手より上に自分の地位を築きあげることにもなる

人を褒めてやるということは、自分自身が、それを判断する地位にあるという事実を確認する行為に等しい。部下を評価するマネジャーは、この点について充分心得ておく必要がある。たとえ評価が良いものであったとしても、マネジャーが単に自分の地位を強化するために褒めているなと受け取られると、部下の気持ちはいじけたままで終わりやすい。

興味深いのは、地位の高い人を地位の低い人が褒めると、しばしば生意気だとか、侮辱しているなどととられやすいことである。仮に、一般人がピカソに対して「あなたは大変上手な絵描きですね」などとお世辞を言おうものなら、ピカソがその言葉を気持ち良く受けとることなどは、まずないだろう。褒め言葉をまっとうに受けとめてもらうには、地位の相違に対しても充分敬意を払うようなやり方で行なわなければならない。たとえば「あなたの絵は大好きです」というように。

●賞讃は創造性を開放するよりも、逆に制限する

マネジャーの仕事の中には、昇給や福利厚生の給付といった、部下への報酬を目的とするものもある。しかし部下のほうはすぐさま、それらを当然受け取るべきものと見なすようになるので、報酬としての機能がなくなる。この点については賞讃も同じである。要求すれば当たり前のように与えられるものは、もはや動機づけの道具としては役立たない。本当に部下の創造性を解き放って業績達成をするには、マネジャー自身が自分の時間を割いて部下の仕事に加わり、仕事がどういう方向に進んでいるのかを考え、仕事から出てくる問題や可能性、部下が個々のタスクにどう対処しているかなどを学びとる必要がある。しかし、このようにマネジャーが気を入れて自己投入することは、なかなか酷な要求であり、また時間も大いに必要とするので、マネジャーは同じような成果を挙げる代替手段として、「褒める」という、よりお手軽な手段に訴えるのである。

●賞讃は批判を伴うことが多い

これは相手への非難にオブラートをかぶせて口当たりを良くしたり、褒め言葉の間に叱責をはさむという、いわゆる「サンドイッチ・テクニック」を用いる時に起こる。「フレッド君、君の仕事ぶりには非常に感心しているのだが」とか、「実によく仕事をやってくれているのだが」と、上司はまず前置きを言う。その後フレッドが耳にするのは、あまり芳しくないお叱りの部分である。そして上司は、「とにかく頑張って、いい仕事を続けてくれたまえ」と結ぶので、フレッドの方はいったい褒められたのか、けなされたのか、本当のところがよく分からずに目を白黒させる。

このやり方はまた、親や教師が好んで用いる手法でもある。人間は子供の頃からこのやり方に、いわば条件づけられてきているので、褒められた時には次に来る叱責というショックに備えて反射的に身構えてしまう。

●褒めることは個人間の橋渡しをするよりも、むしろ間に距離を置く

日常生活の中で非常に多くの対人接触があるような社会では、どうしても自分自身と他の人々との間に一定の距離、すなわち心理的なゆとりを見出す必要がある。この点、褒めることは最も有効な手段である。というのは人間が相手を評価する場合には、相手

との感情面での距離感が縮まることはありえないからである。相手の言い分を聴くというような行動が、なるべく他人を招き入れて包み込もうとするのに対して、褒めることは、むしろ相手を近寄らせず、分け隔てることになるのは、実際に試してみればすぐに分かることである。

●褒めることは接触を深める道を開く手段ではなく、むしろ閉じる手段である

褒めることが、会話やインタビューを切り上げるサインとして実に良く使われていることを考えてみれば、このことは納得できるはずだ。「今日はお話できて幸せでした」というのは、「あなたとの話はこれでおしまい」を意味する。そして「君はよくやっているのだから、さらに頑張っていい仕事をしてくれたまえ」というのも、通常は上司と部下の話が終わったことのシグナルである。

褒めることが大事なケースは

褒めることは組織の中で比較的安定した人間関係を保ち、組織の階層秩序や構造を維持するうえで役立つ。この目的のために、褒めることはどのように使われるのだろうか？　これを説明するために、階層秩序の両極に位置する副社長と新入社員がともに出

席した会議の場合を考えてみよう。新入社員が非常に素晴らしく、また大変役に立つアイディアをその場で提案したとすると、副社長は他の参加者が見守る中で自らの地位を貶《おとし》めず、しかも組織の安定を脅かすことなく、そのアイディアを何らかの方法で受け入れなければならなくなる。そこで副社長はすかさず新入社員に向かって、「それはとてもいいアイディアだ。われわれはそれを使おうじゃないか」と言う。

こうして、含みとしては決してそれほど単純ではない賞讃という行為によって、その場を巧みに取り繕《つくろ》うことができるのだ。副社長は自らの地位を確認することができ（すでに見てきたように、褒めることは自分の地位が高いことを主張する一つの方法だから）、新入社員は階層秩序の中での自分のポジションを確認され、それ以外の会議の参加者たちも、それまでの心地良かった均衡状態を回復することができた。このような状況においては、賞讃は潤滑油としてわれわれの人間関係を適切な秩序の中に保つ一助となる。

褒めることをめぐる根本的な問題は、いかにしてその信憑性《しんぴょうせい》を保つかである。これは褒めることが、単に感謝や評価の念を素直に表わすこと以外にも、あまりにも多くの目的のために乱用されてきたので、その価値が磨《す》り減ってきたからである。しかし、賞讃が信頼に値するという機会はあまりにも少なくなってきているとはいえ、たとえばこちらがその手紙を目にするなどということは全く考えずに、第三者が書いてくれた書簡の中でこちらのことを絶賛しているなどという形での賞揚は、まさに歓迎すべきものなのである。

第四部

マネジメントという政治力学《ポリテイツクス》

13 ◆ 行為はすべて力関係だ

私はずっと自分自身を、人間解放の営みに携わる者と見なしてきた。しかし何十年間にわたり心理学者として、セラピストとして、あるいはコンサルタントとして実際に従事してきたのは、同性愛者を〝治療する〟ことであり、上司に対して部下の〝管理〟のしかたを教えることであり、教師には学生を〝取り扱う〟方法を訓練し、そして親に対しては子供を〝コントロール〟するのを助けることであった。いずれの場合も、力なき者に対処する力ある者のために働いており、しかもそれをプロとしての人間解放を試みるという名目のもとに行なってきたのだった。

こうした経験から自分の行為をマネジャーという立場に立って考え直してみるに至った。そこで気がついたのは、すべてのマネジメント上の行為は、力関係をもとにした

「政治的」な行為だということだ。その意味は、全ての経営管理上の行為は、何らかの形で権力を再配分したり、あるいは再強化するということである。経営管理を担うマネジャーとして、こうした行為を時には意識的に行なう。一例を挙げれば、黒人や他の社会的マイノリティーに属する人々を、白人の同僚よりも優先して昇進させるよう取り計らう場合などである。しかし、たいていの場合、こうした行為は無意識のうちに行なわれる。それは、会議の際に話を女性に向けるよりも、つい男性の方により多く向けたりすることにも見られる。

　組織の中で実際に見られる政治的な行為の例は、他にもいろいろある。秘書としては女性を雇用し、幹部候補生《トレイニー》としては男性を雇用する。福利厚生給付を支払うのを避けるために、正社員を解雇してパートタイマーや契約社員に切り換える。男女間の賃金格差をそのままにしておく。身内のものを雇う。身体に障害のある従業員のために階段に傾斜路をつける。重役室にガードマンをつけて警備させる。女性が自分の洗濯物がきれいに仕上がったのをみせるような広告を出す。従業員を六五歳で、あるいは、さらに早期に退職させるなど……。

　私の友人のある女性は、子供ができた時に副社長の職を捨て、ほぼ全面的に在宅勤務ができるようにと新しい企業を起こした。子供が幼い間はずっと一緒にいたかったからである。これもまた一つの政治的行為だと言える。多くの会社が採用しているジョブ・シェアリング（職務共有制）、フレックス・タイム、在宅勤務システム、育児サービスなど、女性が辞めなくてもいいようにすることもまた、政治的な行為だと言えよう。

良かれと思うことこそ危険

「政治的」な枠組みで物事を考えられないマネジャーは、部下が抱えているさまざまな問題を、すべて各人の個人的《パーソナル》な問題だと考えがちである。だが実際には、そうした問題の多くは、その人が社会的な権力構造に占める地位に起因する場合が多いのである。現代社会は、各人の資質などには全くお構いなしに、じつに多種多様な形態で人間を圧迫する。人々は、ごみごみと混雑した都市環境や、孤独で隔絶された郊外生活の中で打ちのめされ、あるいは四六時中、親の目から逃れられぬことの影響を受けて抑圧されているのだ。そうした生活環境を変えることこそが、問題を抱えているのは性格や人柄のせいだと見なして精神科医のカウンセリングを受けたりするよりも、それぞれの人生をずっと良いものにする。同様にして、オフィスのレイアウトを再設計したり、報告関係を変えたり、スケジュールを変更したりして作業環境を変化させるほうが、マネジメント・トレーニングを受けさせるよりも、人々の行動を変えるうえで効果を発揮する。

私の知人で、仕事上で高い評価を得ていたある女性幹部社員が、どういうわけか仕事のミスが非常に多くなった。トレーニングやカウンセリングを受けてみても一向に効き目がない。そうこうするうちに、別の幹部社員の仕事が急にぎっしりと立てこんできて手助けをする人がいなかったので、彼女はその人の補佐役に異動させられた。そこで皆がほっとしたのは、彼女の仕事の調子が戻っただけではなくて、かつての優れた持ち味をさらに大きく上回る手腕を発揮しはじめたからである。新しい環境と新しい人間関係が、こうした変化を生んだのである。

政治的な差別をし、その結果、部下が能力を最大限にまで発揮して働くのを妨げているマネジャーとは、いったいどういう人間なのか？　実は、われわれ全てのマネジャー職にあるものがそうなのであり、しかもそれを知らず知らずのうちに行なっているのである。非常に多くの場合、こうした行為は相手に対して最善であれという気持ちからなされる。たとえば、男性議員が働く女性を保護するために、さまざまな法律を作ってきた歴史が、それに当てはまる。重量物の運搬を禁止したり、コーヒーブレイクを保証したり、休憩室にベッドを置かせたり、会社が超過勤務を要求するのを違法としたりする……などである。

こうした法律は、女性を劣悪な地位に留めたままで〝保護する〟だけではなくて、その多くをむしろ貧窮へと追いやってきた。現在ですら、働く女性は同じ労働に従事する男性の給与の七五％しかもらっていない。さらにマネジメントの役割からは、いわば制度的にはずされている。というのは、休憩室に簡易ベッドがあり、残業もできないような人間を指導的な地位に就けるなどということは、多くのマネジャーにとって、とても呑めないことだからである。

こうした事態を防ぐために、市民権や人権というものが存在しているのだ。それは、悪い人々からわれわれを護るためだけではなくて、良かれと思い込んで事をなす善意の人々からも同じように護るために存在するのだ。歴史上のさまざまな専制君主も、つまるところ自分の民の最善の利益だとして――あるいは少なくともそう考えて――行動してきたことを忘れてはならない。

優先すべき特徴は何かを忘れるな

こうした諸問題に関する自分自身の「政治的」な意識を、やや高めることができてからは、私は机の向こう側に相談にきた女性が座った場合、その人の人生における他の何よりも優先されるべき特徴は「彼女が女性である」ことだと認識できるようになった。この一つの事実のみが、その性格とか人柄とか行動よりも、彼女が人生で経験していることにとって、より重要なのである。同じことは男性についてもいえる。

ある時、男性ばかりでグループ・ディスカッションを行なったことがあり、その中の一人が、トイレにいる時のことを話したいと言い出した（そこでは便器が壁に沿って並んでおり、混んでいる時には、それぞれの便器の後ろに列を作って自分の番を待っている）。列の先頭に来て、いよいよ自分の番になると、後ろに並んでいる人々のプレッシャーを感じて、オシッコを出すのが難しくなる。数秒もたつとパニックに陥り、時としては用を足さずにチャックを締めて切り上げることすらあるが、それは後ろに居並ぶ人々からなぜそんなに時間がかかっているのだろうと思われる屈辱感に耐えられないからである、と彼は語った。そして、なぜほかの人はこれが上手にできるのだろう、と質問した。

その問いに対する答は、もちろん、生産性を向上させて業績を上げようという、より大きな圧力を男性が受けているからである。グループのメンバーは今まで考えてもみなかった生活領域にまでこうした性の役割が及ぼしている力というものを、改めて思い知らされたのである。

要求を頭から無視するな

マネジャーが「政治的」な枠組みで考えることを嫌がる気持ちは充分に分かるが、そうしないと予測不能なトラブルに真正面からぶち当たることになる。時としてはその結果として、従業員からのセクシャル・ハラスメント訴訟のように、非常に高価なものにつくことがある。だが、政治的な行為がもたらす結末は、性の問題をはるかに越えたところまで広がっていく。

ある時、マネジャーのグループに対して、自分たちが直面している対処しなければならないいろいろな事柄を、より良く理解するための演習をしてもらったことがある。黒板の上の方には、当時の社会的解放運動を代表するさまざまなグループの名がリストアップされた（アフリカ系アメリカ人、ヒスパニック、アジア人、女性、男性、児童、ゲイ、身体障害者など）。黒板の下のほうには、経営上の意思決定をめぐるさまざまな領域が書き出された（採用、配置、訓練、給与、生産、マーケティング、広告宣伝、施設・設備、コミュニケーションなど）。そして、黒板にタテ・ヨコの線を引いてマトリックスを作り、それぞれの四角い欄が解放運動グループと経営分野とが相互作用を及ぼす場を表わすようにした。すぐさま、そこに生じる問題や、それぞれの経営管理領域の中で各グループの持つ優位性などについて活発なディスカッションが始まった。たとえば、施設と女性とが交わるところでは、「メンドリ小屋」と呼ばれている空間を作り出す事務所の設計のしかたについて考えてみた。このように侮蔑交じりに呼ばれるのは、女性秘書やアシスタントが重役用の各個室に囲まれた窓のない部屋に固まって押し込められているからである。さらに、採用面では身体障害者のグループからは募集をしていないこととか、都心に住むグループの人にとって通勤が不便な場所に工場を建設するとか、生産をオートメ化することによって労働組合の力を弱めるとか、太りすぎの従業員を昇進させないことなどについても話し合った。この演習で出されたようなさまざまな状況を表わすリストは、限りなく出てくるが、それは確かにわれわれの意識を高め、目を開かせるものであった。

このように考えていくことは、次にどんな集団が人間解放への要求を行なうかを予測するのが不可能なゆえに、なかなか容易なことではない。しかし、心を開いたままにして対応力をつけておけば、次のようなことだけはしてはいけないことを心に刻みつけておくことができる。すなわち、ある〝特定〟のグループは不満などを抱かないだろうと単純に考えて、そのグループからの新しい要求を無視するようなことである。一番最初にこうした要求が出された時には、たいていの人々にとって、それは間違っていて、当惑するばかりであり、不公平で、生意気きわまりなく、また全く馬鹿げたものに見えるのだ。しかし、時が経つにつれてこうした受け止め方が変わっていくことが、この演習によって学びとれたのである。

バランスのとれた行ない

何の抵抗も受けずに、政治的な自覚をより一層高めることができるなどというのは、あまりにも楽観的すぎる見方である。その証拠に、われわれ自身が最近、とても面倒な状況に追い込まれていることを例として挙げよう。アメリカ社会では、さまざまな社会集団が自らの権利を獲得するために立ち上がったことによって、社会全体から礼儀や礼譲が失われるという、誰も予期していなかったような問題が生じてしまった。さまざまな人々が特定のグループの代表として登場してくるということは、その社会がバラバラに分断されていることを意味しているのだ。あるグループの権利獲得は、共通の福利を犠牲にする形で達成されることが多い。各集団がそれぞれの権利を主張して競うと、集団間での憎しみや反目が増幅される。コミュニティ全体の面倒をまとめてみることを考えずに、自分たちの集団の利益のみを追求するので、共通の福祉が犠牲になる。しかし本当は、コミュニティ全体の保全と業績達成こそ最優先させるべきものなのである。さもないと、権利という概念そのものが意味を全く失ってしまう。コミュニティへのアクセスが絶たれていては、権利を論ずることなど到底できないのだ。

全ての行為は政治的な行為であると認識することは、時には不条理きわまりなく、すべてを麻痺させることのように思える。しかもグループ・ポリティックスからの諸要求は、マネジャーが毎日直面する、ただでさえ複雑な現実をより一層こんがらがったものにしてしまう。にもかかわらず、こうしたものから目を背けることはできない。組織全体の安定と成功を確実なものにするための適切な判断力を行使することによって、こうした問題に対する適応調整力をバランスのとれたものにしなければならない。

14 ◆ 問題解決への最善のカギは、その問題を出してくる人やグループ自身が持っている

前科のある人のほうが刑務所の職員よりも、収監者をうまく更生させることができる。麻薬中毒の経験者のほうが精神科医よりも、中毒患者に麻薬をより上手に絶たせることができる。学生同士の学習の方が、教師の授業よりも多くのことを学べる。人間は、それぞれの置かれた状況に関して、こちらが評価している以上によく心得ていて、身のこなしもうまいものなのである。結局のところ、問題を全面的に掌握できるのは、それを経験した人のみである。一九四〇年代の初めに心理学者のカール・ロジャーズは、問題を抱えた人間こそ、それをどう処理するかについて一番最適な立場にいると主張したが、当時の精神医学の専門家たちは彼の説を頭から信じようとせず、嘲笑すらする始末であった。問題を抱えて悩んでいる当人が、問題の解決などどうしてできるはずがあろうか、

というわけである。ロジャーズの考え方は、問題はそれぞれの専門能力と治療技術のある人に託してこそ解決可能なのだと教え込まれてきた精神科医たちにとっては、まさに異端の説であった。

しかしそれ以来、この新しい考え方はマネジメントの分野も含む実際上全ての専門領域において広く受け入れられてきた。もちろん全領域で一様に実践されているわけではない。というのは、確かに専門家の方が上手に力添えできる場合もあるし、当人が自分の置かれた状況に関して、必ずしも最善の判断を下せるものとは限らないからである。にもかかわらずこのロジャーズの信念は、今では広く一般に通用している。

たとえば、都市計画のプランナーは、計画が進展する各段階ごとに地元の関係者の意見を聴くほうが効率が良いことを認識している。それは、都市計画に対する受け入れ方がより広範囲になるだけではなくて、より改善されたものが生まれてくるからである。専門家が充分に検討しつくしたと思っていても漏れている問題点があるかもしれず、そうした事柄については地元の人々の方が、より鋭くつかんでいることが多いからである。

こうしたアプローチの正しさを最も明確に裏付けてくれるのは、各種の相互扶助グループが急激に増えていることである。アルコール依存症の治療を目的とするAAの会（アルコール依存症者更正会）は、専門家の指導を受けずに会合を行なっているこの種のグループとして最も有名な存在だが、同じ目的に従事している専門家たちよりも明らかに高い実績を挙げている。今や、何千という扶助組織が何百万という人々のために活動しており、その内容も「減量同盟」や「片親の会」から「ギャンブルをやめる会」にまで及んでいる。そのいずれも、自分自身が同じ問題に苦しみながらも、専門家にはまだ分かっていないやり方で相互に助け合う力の強さを如実に示している。

こういうやり方をする人々に信頼がおけるのは、われわれ全ての中に、通常はあまり果たさない役割だが、それを充分こなせる力が存在するからである。こうした役割をこなすには非常に複雑なスキルが必要なのだが、われわれは皆、それを各自の人生行路の中で自然に学びとってきているのである。これこそ、正式な訓練をたとえ一日ですら受けていないマネジャーでも、効果的に経営ができることの基本的な理由なのである。誰もが、すでにあるべきやり方を身につけているのである。

広く認められてはいるが、めったに実践されない理由

参加型経営は、自分自身に影響を与えるような意思決定について、当の従業員は経営者が考えているよりも優れた存在であり、賢明な選択をするに当たって充分頼りになりうるという考え方に基づいている。かなりの数の調査研究によれば、参加型のアプローー

チが用いられた時の方が、人々はより早く学習し、より多く生産し、そしてより動機づけが高くなることが示されている。したがって経営側にとっての重要な課題は、この強力な資源をどのようにして活かしきるかである。そうした期待に上手に添うような状況を作り、適切な社会的構造を正しく据えつけることができれば、誰にも予測できないほど高い業績が生み出される可能性がある。

しかし、ここにもう一つのパラドックスが横たわっている。参加型アプローチが効果的だということについては広く意見の一致をみているが、めったに実施されることはないという矛盾である。多くの会社が実験はしてみるが、組織全体を通じて持続的に参加型経営を用いるところはほとんどない。なぜそうなのか。もちろん、グループの方がもっとうまくやれるなどということを前提にされると、自分自身の専門能力が形無しになるのをマネジャーが嫌うから、というのも答の一つである。しかし、その他の理由もある。

参加型経営はグループへの信頼に立脚している。しかしながら、たいていのマネジャーは部下をそれほど信用もしていないし、そうした信頼感を醸成するための時間すら持ち合わせていない。グループと相談したとしても、その持つ力に対していつも信を置いているわけではないので、グループを巻き込むという考えには、結局は抵抗する。しかも現実には、グループが参加型経営を実践する力をつけるまでには途方もない時間と忍耐を要する。コーヒー・マシンのあり方についてグループが三〇分も費やすような会議で、じっと黙って座っているには、聖者のごとき我慢強さがなければならない。

また、参加型経営がうまくいかないもう一つの理由は、会社側が組織行動の複雑さについて充分認識していないがためでもある。参加型のアプローチは、いかなるミーティングにおいてもつきまとってくる〝見えざる底流〟とか、本題とは違ったいわゆる〝隠された議題〟に対して、これを充分理解して対応できるような、やや違ったリーダーを必要とすることを、会社は認識していない。

最後の留意点として、参加型アプローチを実験してみるマネジャーは、これが相手に悪用されることも覚悟しておかねばならない。自分たちの発言をどの程度聴いてくれ、またその考えを承認してくれるかについてリーダーの能力を試しているグループは、せっかく参加型を採り入れようとしているリーダーの意図に対して抵抗することにより、リーダーを貶めようとする。こうした状況下では、グループからアイディアを引き出そうとするマネジャーは、かえってグループが苦情を吐き出す格好の的となってしまう。時にはあからさまな敵意さえみせる。

イギリスの著名な人類学者であるメアリー・ダグラスは、参加型の制度について、かってこんなふうに説明してくれたことがあった。参加型方式が階層秩序型方式と違うのは、リスクの評価法と意思決定法が異なるだけではなくて、人間の取り扱い方まで異なるのだと。高度の参加型システムを導入することは、集団内のより強いメンバーを攻撃する傾向を強める。その標的となるのはリーダーであることが多い。一方、ヒエラルキー型システムにおいては、逆により弱いメンバーを攻撃するようになる。

ある総合大学において、学部長の一人が参加型のアプローチを導入しようと決めた際、そのコンサルティングをしたことがある。決定を要する全ての事項は、学生と教授会に提案された。入学したばかりの新入生は、自分たちの意見を自由に表明できるのみならず、学部長に真っ向から反対したり、聞くに堪えない罵詈雑言を浴びせても処罰されないことに、すっかり驚いてしまった。若い人々にとって、これは最高に気分の良いことなので、自分たちのしていることが学部長を心身ともに参らせてしまうことに気がつかなかった。毎年入ってくる学生はいずれも、自分たちのリーダーである学部長を虐待するという儀式を繰り返した。その後の二年間で、この実験に全身全霊を込めて取り組んできた学部長は、次第に衰弱してきたのが見て取れた。三年目にとうとう彼は辞任し、この計画は白紙に戻され、昔ながらのやり方に戻ってしまった。

まず人的資源を守れ

この経験や、また数多くの類似した体験ゆえに、私はグループに対してコンサルティングする場合には、「資源保全《リソース》」という方式を用いることにした。今はコンサルティングを始める時には、グループに対して、自分たちが有する最も貴重な資源は何かを自ら確認させるための問い掛けから始めるようにしている。その答はたいがい人的資源であり、通常の場合、それはグループ・リーダーと、そのグループの中で最も創造的な人々のことである。これを行なってからグループとともに、こうした資源を守り、高め、保全する方法を探究することにしている。

こうすると多くの場合、グループは、このような貴重な存在に対して、自主的に感謝の念や尊敬の気持ちを表わす必要があることに気がつく。グループは、こうした人々の特別なニーズに対して敬意を払う方法も考え出してくる。たとえば、こうした人々は時には個室のドアを閉めたり、とんでもない時間に働く必要があることを理解してくれる。そのリーダーシップ・スタイルや、仕事をする際の癖や、独特の性格などに文句を言うかわりに、何とかそれをうまく呑んでこなす方法を工夫する。こうしたプロセスを踏まえてこそ、もっと根本的な問題点について討議を深めていく基盤が作り出されるのだ。

第五部

組織の置かれた難しい立場

15 ◆ 助力が最も必要な組織は、そうした助力から得るところが最も少ない

本当に困っている会社は、普通は外部からの助力を求めることなどしない。また、たとえ求めたとしても、そこからはなかなかメリットが生まれてこない。こうした状況は、精神療法についても似ているといえる。精神療法は通常、重度の精神病に冒された人には役立たない。むしろ健康な人にこそ、より効果があるのだ。心理的に健康であればあるほど、あるいは変わる必要があまりないほうが、変革の可能性は大きい。

たいていのサイコセラピストが精神病院で働かず、むしろ比較的正常に心身が機能している人を相手とするクリニックを開業しているのも偶然ではない。サイコセラピストは、こうした人々に力を貸せるからである。同様に、経営コンサルタントも、比較的健全な組織を相手にすることが多い。重病に陥った会社から招かれることは少ないし、た

とえ招かれたとしても、たいして力は貸せない。

コンサルタントの本質は組織に対して鏡の役割を果たし、組織の成長を阻害している流れや障壁を映し出してやることである。その場合、当然予測できるように、最も大事な鍵を握っているのは組織の指導者であって、第一線の人々の身のこなし方や業績ではない。であるからこそ、トラブルに陥っている会社のリーダーがコンサルタントを頼むのを避けることが多いのも、けだし当然と言えよう。リーダー自身が、相当突っ込んだ自己の再検討をしなければならないことを、承知しているからである。

即効薬を求めても無駄

組織を大きなトラブルに引きずり込むのは、たいていの場合、誤ったリーダーシップや、社内の人間関係の不和や、経営管理上の盲点なのである。だが、問題を抱えた組織は、そうした人間的な要素がきわめて色濃い領域を改革しなくても救われるという、誤った妄想や徒《あだ》な希望にとらわれている。市場もそのうち好転するだろうとか、資金調達も何とか目鼻がつくだろうとか、新しいテクニックで面倒な従業員も手なずけられるだろうとか、競争相手の方であきらめてくれるだろうとか、この新製品は必ず当たるだろうなどということが、それである。

また組織の構成要員も、従来の働き方や、自己に関する個人的信念や、意思決定のしかたを全面的に変えるという苦しい作業はしなくてもすむだろうという、虚しい希望を抱いている。従って、たとえコンサルタントがこうした問題会社に招き入れられてきても、そこで経営者が要求するのは、新しい幹部社員をより上手に選別する方法とか、成功への新しい方程式とか、新しい士気高揚の手法といった、各人の内奥にかかわらない解決策ばかりである。問題の核心に到達するためには不可欠な、深く突っ込んだ自己の再検討をする心構えなどは、さらさらできていないのだ。

儲かっている会社が「健全な組織」とはいえない

組織は危機に直面すれば何とかしなければならないという認識が出てくるという考え方、すなわち、問題が破局に近く、手に負えないまでに悪化すれば、自分自身のことを否応なしに見つめ直すという考え方があるが、果たしてそうだろうか？　現実には、必ずしもそうではない。

危機はしばしば変革を強いるというのは正しいし、また後述するように、破局に直面することが組織にとって非常な助けとなりうるのも事実だが、だからといって必ずしも組織が本当の自己反省を行なうとは限らない。変革に対する抵抗があまりにも強くて根深いからである。そうした場合には、大量の人員整理とか、株主が経営陣の首をすげ替えるといった、長い間放置されたままでいたラジカルな組織改革が起こりやすい。しかし、経営コンサルタントが最も力を貸せるはずの自己再検証などという方法は、事態がここまで悪化した段階ではあまり関心を集めない。

これに対して、大きな成功をおさめている時、すなわち大ヒット商品を開発したり、とてつもなく大きなマーケット・シェアを獲得したりして巨額の利益が出た時には、いかなる経営のやり方も受け入れられる。とはいえ、儲けが潤沢にあれば、従業員の取り扱いも寛大なものとなりやすいので、こうした状況もまた、自己評価にとっての最善の風土とはいえない。

というわけで、「健全な組織」と私が呼ぶのは必ずしも儲かっている会社のことではない。儲かっている組織では、いわば何でも好きなようにできる。こうした組織のリーダーは、自分たちの成功はその経営のやり方によると言うことが多いが、あまり芳しくないビジネス環境の中ならば、そうしたやり方では事実、全くうまくいかないのである。

変わる人と変わらない人

企業のリーダーたちは時折、経営コンサルタントを招き入れて他の従業員が変わる手伝いをさせようとするが、そこでのパラドックスは、最も変えたい人が一番変わりにくいということである。その結果、相手に変化を求めようとしたリーダー自身がもっと変わらなければならないという事態が生まれかねない。

これはリーダーにとって、フラストレーションを起こしやすい経験である。かつてある会社の社長の相談に乗ったことがある。その社長はある一人の幹部社員の行動に我慢がならず、この男性を何とか叩き直すのを手伝ってほしかったのである。実状を調べてみると、その難物である男は、会社の中で最も創造力があり、また一番よく働く男であって、その会社においては最も重要な業務領域の責任を担っていた。しかし、全く妥協しない性格の持ち主だった。

彼が組織にとって並々ならぬ値打ちがあり、またその人間性を変えることは絶望的に思えたので、私は矛先を変えて、彼を何とか乗りこなすために、社長のほうが自らの行動を適応させる手伝いをすることにした。いささか本末転倒な話だが、この会社組織に必要な変革を起こし、組織の生産性を維持していけるのは社長だけなので、この場合はやむをえなかった措置といえよう。

普通の場合ならば、人間は自分以外の人間に変わってほしいと願うし、それにもきちんとした理由があることが多い。しかしコンサルタントにとっての一般原則は「変わることができる」人間に対して働きかけ、その人と協力しながら変化をもたらすことにあるが、通常それは、そもそも最初にコンサルタントを招き入れた当人であることが多い。変革の必要が最も少ない人に変わるように頼むというこのやり方は、不条理ではあるが、極めて実践的なアプローチである。

16◆個人はしたたかで崩しにくいが、組織は非常に脆弱だ

これまでも何度となく考えさせられた点として、個人の方はじつにしたたかで復元力があるのに対して、その個人が生き延びるための鍵である組織の方は、逆にいかに脆《もろ》いかということである。

非常な緊張を強いられたり、対決の只中に放り込まれたり、時には悪夢と思われるほどの状態に投げ込まれても、個人が大きく傷つくことはめったにない。確かに傷つくが、いつまでも深く残るものではない。人間は、きわめて破滅的な自然災害に遭っても、心理的には比較的健康な状態のまま生き延びることが多い。だが、人間関係の方はそうではなく、誤った片言隻語や、ささやかな一挙一動でたちどころに破壊されてしまう。この点は、組織、特に小さな組織にとって重要な意味を持つ。多くのビジネスが失敗する

のは、トップ同士の関係が壊れるからである。

個人は脆いという考え方が一般的に広く浸透しているために、ホロコーストのような恐ろしい体験を経てきた人々は、あたかも破損した商品であるかのように取り扱われがちである。われわれは彼らを十全な能力を持った人間と見なさず、かえって彼らの心の傷口を押し広げてしまっているのだ。もちろん私は、そうした人たちが苦しまなかったなどと言っているのではない。通常の機能レベルには回復しえないほどの損傷を受けてはいないという意味である。この事実を発見したのは、以前、私の教え子でアウシュビッツの生き残りであるエディス・イーガーズが、ホロコーストから生還した人々の研究をした時である。疑いもなくこれらの人々は深い傷跡を残していたが、人生への適応力やさまざまな性格面を測定してみると、このような言語を絶する試練に遭わなかった人々と同様か、むしろより良く機能していることが分かったのである。

組織は、ひ弱な一枚岩

個人はとても強いが、組織は意外に脆い。組織の脆弱性をわれわれが認識できない理由の一つは、組織を動かしている人間関係が「生きている」という考え方を受け入れにくいからである。心理学者ですら、組織は単に個人の集合体にすぎないと考えることがある。しかし、人と人を結びつけている人間関係は、現実性のある生き物であって、それ自身の生命を持っているとすら言える。そして、その人間関係なるものが、かなりの程度まで組織行動と組織内における人々のあり方を決めるのである。

またわれわれは、組織を手玉にとることなどできないと考えている。それは、官僚制度はいかにも固い一枚岩のようで、どんなに必死になってもそれを突き破って現実に対応させるのは不可能に見えるというような苦い経験をしているからである。組織に対しては、たとえどんなにしようとも影響力を及ぼすことができず、逆に組織の方がわれわれの力を吸い上げてしまうと感じている。しかし、そう考えるのはもちろん誤りである。新聞紙上にまずい記事が一つ出るだけで、たとえ官僚組織といえども痛烈な打撃を蒙《こうむ》ってしまう。破壊することなどはとうてい不可能と思える巨大企業でも、たった一つの事柄がまずい形で展開するだけで、深手を負ったり、倒産してしまったりする。シリコン・インプラントを埋め込む豊胸手術を受けた人が起こした訴訟の結果、倒産に追い込まれたダウ・コーニング社の例や、アスベストが健康に有害だという訴訟を起こされたために廃業せざるをえなかったジョンズ・マンビル社などの最近の事例に照らしても、これは明らかなことである。

むろん、すべての会社が生存に値するわけではないが、社会としては、組織の存続に対してもっと関心を払うべきだとは言える。だが、組織が巨大だからといって、無敵だなどと思い込んではならない。ちょうどトラブルに巻き込まれて倒れかけている個人に対して関心を払うのと同じように、問題を抱え、危なくなってきている組織に対しても、少なくとも同じ程度の注意を向けるべきである。とにかくわれわれの生活は、組織に依存しているのだから。社会の機能の仕方を理解し、改善する能力を高めるという観点からすると、個人だけにわれわれの関心を絞ってしまうことは、さまざまな実用的な目的からいっても誤りである。個人やグループや家族や作業チームなどのいろいろな形で形成する星座にも似たいろいろな人間の集まりに対しても、もっと注意深く見つめるべきであろう。

私の経験からすれば、人間に最も大きな打撃を与えるものは、人間関係がうまくいかないことである。親から見放されたり、結婚生活が破綻したり、上司との齟齬《そご》をきたすなどの人間関係の失敗や、孤立、疎外、コミュニティの崩壊などという人間関係の欠落は、人生における大きな苦しみをもたらす。となると、個人に対処する最善の方法は、その人間関係を改善することだと言える。

17◆事態が良いときほど悪いと感じる

マネジャーが状況を改善しようと行動する時は、自分たちの努力が助けようとしている相手に満足をもたらすことを期待する。しかし、そうなることはほとんどない。あったとしても、いずれ長続きはしない。ここでのパラドックスは、人間に関する事柄を改善することは、満足ではなくむしろ不満足をもたらし、しかもその不満は、以前に存在したものよりもさらに高い次元のものになることが多いということである。

革命の歴史がその好例である。革命は、最悪の条件下ではなくて、必ず諸条件が好転しはじめた後に起きる。すなわち改革が行なわれ、指導層も育ち、一般大衆も将来に対する新しいビジョンが持てるようになってからである。人間は本当にみじめな時期を脱して初めて、事柄が改善されることを期待するがゆえに生まれるある種の不満を表に出すようになるのだ。これは歴史家が「期待向上理論」と呼ぶものである。それが革命の炎を燃え上がらせるのだが、それは現実に手にしているものと、今や手にできると見てとったものとの間のギャップから生じてくる。このズレが不満の源泉となり、また変革へのエンジンともなるのである。

心理療法にも同じような作用があると言える。ひとつの治療に成功すると、患者は満足感ではなくて、別の新しい不満感を抱くようになる。人々は、治療してもらったより低い次元の問題が解決されると、満足するかわりに、より高い次元での問題点に関する不満を抱くようになるからである。

この点は、私の教え子である心理学者のマーシーヌ・ジョンソンが行なった研究プロジェクトによって明らかにされた。その研究によると、心理療法をスタートさせた当時の患者は、自分自身の状況をより低い次元の言葉で描き出す。「いつもどうも疲れがとれない」とか「職務保障のことが心配なのです」など。その後、治療が進むにつれて、中間次元の心配事を口にするようになる。「ほかの人々が自分のことを充分に評価してくれない」とか「何でも打ち明けられるような友達がほしい」とか。そして治療も終わりに近づくと、高次元の不満が噴出するようになる。「今の自分にもっと誇りを持つ必要がある」とか「もっと目立つようなことが成し遂げられればいいのに」などと。

なぜこの現象を理解することが重要なのか？　それは、変化や成長を持続させようとする動機づけは、より質の高い不満の形成から生まれ、それがより重要な問題の解決へとつながっていくからである。

ぼやきに耳を傾けよ

心理学者のエイブラハム・マズローは、この現象を組織の健康に適用した場合について、興味深い説明をしている。マズローはマネジャーに対して、苦情の有無に耳を傾けるのではなくて、何に関して不満を訴えているのか、すなわち不満の質やレベルに関して耳を傾けよとアドバイスしている。マズローはこれを「グランブル（グチ聞き）」と呼んでいた。不健全な組織においては、低い次元のグチが――たとえば労働条件に関する苦情などの――いわゆるマズローが「欠落要求」と呼ぶものが出てくるという。たとえば「ここは暑すぎる」とか「給料が安い」などである。

これに反して、より健全な組織では、より高い次元のグチが――すなわち自我を超えてより愛他的な心配事へと不満や苦情が広がり、高まっていく。「第二工場の連中のことを聞いていますか。本当に騙されたんですよ」とか「もっと厳しい安全基準がここでは必要だ」など。しかし、「非常に健康な」組織においては、さらに高次元のグチ、すなわち自己実現のニーズに関係のある苦情が現われてくる。「自分の才幹が充分に活かされていないような気がする」とか「どうもここでは充分に受け入れられていないように思える」など。

これは考えてみれば不条理なことである。人々が充分に「受け入れられ」、その才能が充分に「活用され」ている組織でなければ、こうした問題への不満は現われてこないからである。だからマネジャーとしては、事態が改善されることは、満足ではなくて、その正反対のものを招来することを承知していなければならない。不合理なように思えるが、自らのマネジャーとしての手腕を自己判断する道は、自分が生み出す満足の質を評価すること、すなわち、低い次元の不満から高い次元の不満へと動かす能力を検討すべきなのである。

この点は、たとえ事柄が無害なことのように思えても、心に留めておくことが肝心である。近年、多くの企業では「カジュアル・デー」の制度を導入し、服装規定を緩めて従業員は週に一日あるいはそれ以上、上着やネクタイやヒールのある靴で出勤しなくてもよいことになった。こうした方針変更によって部下が喜ぶものと期待していたマネジャーは、逆に、要求や質問や苦情がどっと出てきたのに途方にくれることが多い。

これは単に新方針が人々を混乱させたというだけではない。事態が改善されると、人間がごく普通に行なうことなのである。服装規定を緩和することは、さらに多くの変化を期待する心を生み、もっとカジュアル・デーを増やし、もっと服務規律を緩め、またもっと明確な方針を求めるようになったからである。良かれと思っての行為が、かえって不満を募らせることになるなど夢想だにしなかったマネジャーこそ哀れである。

民主化が進むほど不満は高まる

期待水準が高まることのパラドックスは、最高レベルの大学でこそ学内紛争や変革への要求が強いことを理解する一助となる。また人種間の関係改善が最も進んだ都市でこその緊張が高いことも、さらに民主化が進んでいる国の方が国民から面倒きわまる要求が出ることとも、これによって説明がつく。

東欧諸国や中国での自由化をめぐる一連の出来事も、この方法で解釈できる。東欧の激動を観察してきた人々の大半は、旧共産主義諸国の国民がより大きな自由を要求して立ち上がったのは、政治的抑圧と長期にわたる体制腐敗が生み出したフラストレーションの結果であると考えている。しかし、論理的かつ常識的な推論に従うならば、こうした国々のなかでも最も独裁的な指導者によって最もひどい抑圧を受けた人々こそ、最も激しく抗議に立ち上がったはずだ。だが、現実にはそういう形では現われてこなかった。

ルーマニアやブルガリアなど、独裁的指導者の下で容赦なく国民を弾圧してきた国々は、最後まで共産主義体制を維持した。抗議の波はむしろ、強硬路線が放棄されつつあった東ドイツ、ポーランド、ハンガリー、チェコスロヴァキアなどのほうが高かった。そして皮肉なことに、ソ連邦においては、グラスノスチ（情報公開）とペレストロイカ（改革）を提唱した偉大な改革者ゴルバチョフは、結局のところ退陣を余儀なくされたのである。

天安門事件が、歴史上のいかなる支配者よりも中国を世界に向けてより開かれたものにした指導層の下で起きたことも、決して偶然とは言えない。鄧小平をはじめとする指導者たちは、自分たちが抗議行動の目標とされたことに対して、おそらく啞然としたに違いない。一〇年間で中国の富を倍増させ、さまざまな分野に民主主義と資本主義の要素を導入したのは、ほかならぬ彼らだったからである。その代償として得たものは何か？　それは彼らの立場からすれば、怒り狂い、抗議する亡恩の徒である学生たちだったのだ。結果的に中国の指導者たちは、自分たちが不満の質を変えることに成功したという評価はせずに、大がかりな武力弾圧という手段に訴えたのである。中国の学生たちは、東欧の場合と同じように、自分たちの期待水準を向上させた諸々の改革を導入した指導者そのものを更迭することを要求したのである。

結婚においては違った不満が

期待水準の向上をめぐるパラドックスは、良き結婚をめぐる議論の根拠ともなる。すなわち、たいていの人々が結婚に求めるもの（愛情、優しい気持ち、共通の関心事、良い性生活、子供に対する深い思い入れなど）を反映させた結婚は、そうでない悪しき結婚よりもずっと失敗しやすい。最近離婚したばかりの人々が訴える不満に耳を傾けてみよう。相手が暴力をふるうとか、かまってくれないということはめったになくて、通常は、「お互いの気持ちが通い合わない」とか「二人の教育の違いがあまりにも大きすぎて、そのギャップを埋めることができない」とか「お互いに何か窮屈なところに閉じ込められたような気がする」などという言葉が出てくる。

今や人々は、これまでにも増して、より大きな期待を抱いて結婚する。二人は、充分な対話と相互理解を、価値観や目標を共有することを、相互に知的な伴侶となることを、十全な性生活を営むことを、奥行きのあるロマンチックな愛を深めることを、そして身も心も溶け合った素晴らしい親密感のある時をともに過ごすことを望む――こうした期待事項は過去においては存在しなかった性質のものだが、それを今や期待するどころか、お互いに要求しさえする。結婚という行為は、それ自体がいろいろな観点からみて理想的なものであっても、このようにエスカレートした期待が満たされない時は、さらに高い次元の不満が結果として現われてくる。時には実際に、結婚生活がこうした最高の至福の瞬間ともいうべきものをもたらしてくれることもあるが、そうなると二人は、さらにより大きな要求という重荷をお互いに課してしまう。

さらに加えて、「問題」があると感じたならば、いつでも何らかの行動をとらなければならないという、例のアメリカ的発想が入り込んでくる。そうした際に取れる行動というのは、たいていの場合、私が「最終的アクション」と呼ぶものである。自分たちの結婚を「直す」ことができないことが分かると、責任ある行動をとるという信念から、結婚に終止符を打ってしまう。

人々は仕事についても同じように対処する。より高い次元における不満と、行動をしなければならないという切迫感から、多くの人々は自分たちの職を辞めてしまう。しかしそれは私に言わせれば、あまりにも不必要だと思うのだが。

こういう考え方は、第二の結婚は最初の結婚よりもより良いと考えることの不条理さと、第二の結婚の方がより短いという不条理とを説明する一助ともなる。

第六部

変化のジレンマ

18 ◆ 誰もが創造性や変化を求めているというが、本当のところは求めてなどいない

心理療法を行なうサイコセラピストとして、私は絶えず次のような根本的なパラドックスと格闘してきた。それは患者が治療にやって来るのは、一見、変化したいからのようにに思えるが、実は、その時間の大半を変化に抵抗することに費やしているという矛盾である。その原因の一部は、患者自身が、一生を通じて形作ってきた〝自画像〟を放棄したくないと考えているためだ。こうした自己イメージや自己概念は、その全てが自分を見出し、自分を確認するためのものである。従って、それを放棄することが、いかに深いところから人間を脅かすことになるかは、充分に理解できる。

同じような変化への抵抗は、参加者にいつもとは異質な自由が与えられるマネジメント訓練プログラムにおいても見出される。マネジャーがこうした訓練に参加するのは、

おそらく人間関係において、何か新しい経験をしたいからであろう。しかし、ほかの参加者と顔を合わせたとたん、皆そうした新しい経験に対して、日々の生活の中で最も嫌がっているのと同一の状況を作り出すことで抵抗する。こうした訓練の場を、議題を決めるとか目標を設定するとかリーダーを選出するなどといった、いつも社内でやっているような類の会合に、どういうわけか仕立てあげてしまうのだ。グループとして、さまざまな異なったやり方を探究しても充分安全だという気持ちになるまでには、かなりの時間がかかることが多い。

創造性を窒息させるものとは?

たいていの人はそうは考えないのだが、創造的なアイディアは、実は割合簡単に導き出せるものなのだ。通常の場合、ちょっとしたブレイン・ストーミングなどをやってみれば、すぐに出てくるものである。しかし、こうした創造性開発の場から出てくる良い着想などというものは、真の変革を行なううえではほんの一部分にしかすぎない。アイディアを「実行すること」こそが最も面倒な仕事なのである。

かつて私はある組織を運営していたが、そこでは革新的なアイディアを採り入れることに最大限の努力をしていた。しかし時としては、これ以上誰かがいいアイディアを持ち込んできたら、「もういい加減にしてくれ」と怒鳴りつけたくなる気分になった。すでに手一杯のアイディアをどう処理したらいいか、分からなかったからである。

創造性に関する根本的な問題は、真に新しいアイディアはどんなものであれ、マネジャーや働く人々に対して抜本的な変革を要求する点にある。従って、学校や企業や教会など、たいていの既存の組織が、むしろ創造性を押しつぶすように設計されているとしても驚くにはあたらない。

さらに、われわれが創造力を窒息させるもう一つの理由は、それが普通、感情という無意識の世界を明るみに出すことを意味するからである。情感とか、心に秘めたものとか、傷つきやすさなどを、われわれは恐れる。感情は敵だとしばしば考える。より深い感情を解き放つことは火遊びをするも同然だと心配するのである。それゆえわれわれは、自分自身に対してだけでなくて、お互いに次のようなさまざまな方法でもって、創造力が発揮されることに対して、いわば相互検閲を加えるのである。

●知的ゲームを展開する

「その条件や用語を明確にせよ」とか「何の権限があってそう主張するのか」など。

●判断や評価を下す
「ペンキの使いすぎだ」とか「この前の時の方が良かった」など（マネジャーも部下も評価を非常に恐がるので、業績考課は実際の業績とは何ら関係のないものになってしまっている）。

●〝唯一絶対〟方式をとる
「ずっとそういうやり方でやってきたんだ」とか「ここでは例外は認められない」など。

●ステレオタイプな決まりきった考え方をする
「女性の下でなど、とてもじゃないが働けない」とか「男は合理的で女は直観的」など。こうした型にはまった考え方は、われわれの反応を条件反射的にし、変革の可能性を見極めることを難しくする。

●自分自身の体験を信用せず、従業員に対しても各人の体験を信じないようにと訓練する
部下に対して「その職責を担うだけの準備ができていない」と言い続ければ、次第に

部下のほうも自分自身の経験を軽視し、判断を他人にゆだねるようになる。

管理できる創造性

社会全体に大きな変化をもたらすような真の創造性は、いつも規則を破るものであると言っていい。だからこそ、本当の創造力は非常に管理しづらく、また、たいていの組織においては、創造性が望ましいなどと口では言っても、本音を言えば望ましいのは「管理できる創造性」だけなのである。われわれに変革を強いるような、むき出しで荒削りの、ドラマティックで過激ともいえる創造性のことを指しているのではない。小学校の教師が児童に求める創造性とは、児童がクレヨンを使って画用紙に絵を描き、その絵が参観日に、教室の壁にきちんと並べて貼り出せるようにする程度のことなのである。教師は、生徒の絵が画用紙の外にまではみ出したり、机の足の方にまではみ出されては困るのである。

こうした考え方は、大学においてすら見受けられる。大学は、最高の頭脳を選りすぐったところなので、創造性の場だと考えやすい。教授陣も学生もともにそれぞれの創造力を最大限に発揮するものと期待されている。しかしここですら、「管理できる創造性」が幅をきかせている。それゆえ、われわれの世界を根本から作り変えた発見や理論といった偉大な業績は、たしかに創造力を最大限にまで発揮した人々の手によるものではあるが、それは大学においてではなくて、単独で働いている時とか、さして重視されていない小さな研究機関に身を置いている時に成し遂げられてきたのである。アインシュタイン、フロイト、ガンジー、マルクス、ダーウィン、エジソンなど、いずれもそうである。具体例を挙げれば、フロイトはウィーン研究所で、エジソンは自分一人だけの実験室で大きな業績を残したのである。現代芸術や建築も、バウハウス（W・グロピウスが一九一九年にワイマールに創立したデザイン学校）などのような大学の外の場で始まり、次第に伸びてきたものである。そもそも科学自体が何世紀にもわたって大学の外で発展してきたものであり、大学に入ってきたのは、わずか二〇〇年程前のことにすぎない。

ひとたび大きな突破口が開かれさえすれば、そこから派生してくるあらゆる種類のクリエイティブな仕事に大学が従事することが可能になる。大学の科学者は、遺伝学という科学を創造しなかったが、DNAを発見した。$E=mc^2$の方程式を作り出すことはなかったが、最初の核反応を起こした。とりもなおさず、これは「管理できる創造性」そのものである。

大学にこうした役割が与えられたのには、それなりの理由がある。大学の目的は、若者を教育し、われわれの知識の貯蔵庫となり、さまざまな学問体系を護り、科学的探究を妨げようとする政治的な力に対する砦となるためである。こうした機能を果たすために、大学は持続する存在とならなければならず、そして存続するためには当然、リスクや過激な変革を極小化するために保守的でなければならないのである。こうした大学の本来の性質からして、新しいアイディアは、それが充分に受け入れられるまで、大学に取り入れられることはない。

組織単位を変える

似たような動きや力の作用は、企業を含むあらゆる組織の中で起きている。企業で働く人々は、自分たちは創造性を開発し、発揮するために組織化されていると考えたいかもしれないが、一定の規模を持ち、永続する会社として考える場合には、創造的な行為を奨励することはできない。しかもこれは、どちらかというと新しい組織においても当てはまりがちなことである。

会社が本当に創造力を刺激したいと思うならば、全く違った形で組織化する必要がある。ゼロックス社の本体組織とは別に作られた小さな組織単位であるゼロックス・パロアルト研究所（ＰＡＲＣ）は、コンピュータ工学における最も急進的な研究開発のいくつかにおいて重要な役割を果たしている。有名なロッキード社の新機種特別研究開発部門であるスカンク・ワークスも半自律的な組織単位であるが、ケリー・ジョンソンやベン・リッチは、そこでU2偵察機やステルス爆撃機のような、通常可能だと思われる領域をはるかに越えた最新鋭の航空機を開発している。

ゼロックスやロッキードだけではなくて、今や多くの会社は、規模が創造性の敵であることを認識し、もっと弾力的な組織単位に会社を分ける方法を模索しつつある。また、こうした発想に従い、大組織という枠の中においても社員にもっと多くの自由裁量の余地を与え、潜在的な創造力を発揮できる道を歩ませようとしている。

19◆本当にほしいのは、今持っていないものではない。すでに持っているものをもっとほしいのだ

大学院生だった頃、私はある小さな研究プロジェクトの中で、人々に自分の理想的な自画像を話してくれるよう頼んだことがある。その時、研究対象になった一人は、オリンピック選手だったが、私の興味を誘ったのは、彼がすでに持っている素晴らしい運動能力をもっと高めたいと願っていることだった。もう一人の研究対象は優秀な学者であったが、この人もまたすでに自分の強味となっている知的能力をより一層欲していた。この研究を進めるにつれて、何度も繰り返して現われてきたことによって分かったことは、人間は自分に欠けているもの、すなわちほかの人から見れば備えていることが望ましいのではなくて、すでに特別な資質や能力として保有しているものを、より一層ほしがるということだった。

その後、この現象は、どこにでも転がっているのが分かり始めた。素晴らしい美しさを備えた人々は、それ以外の特性で評価してほしいと口では言うが、自分が最も関心を払っているのは、実はその美しさなのである。あざやかに弁論を展開する能力のある人は、もっと上手にメリハリのある話し方をしたいと願う。強い権力を持った人間は、より一層の権力を求める。

あるグループと仕事をした時の話だが、各人に自分自身として何がほしいかを述べてもらったところ、グループの他の人々が、それぞれの人格や仕事の面で欠けているから備えた方がいいと提言した資質や特性を述べた人は、ほとんどいなかった。

そのグループの中に、非常に落ち着いた物静かな女性で、しかももっとそうしたあり方を強めたいと考えているような人がいた。他の人々は彼女に対して、もっと生臭いことや、情熱や、創造性を体験することが人生をより完全なものにするうえで大事ではないかと提言した。豊かなユーモア感覚や、すばやい機知や、ジョークを連発できる能力を武器としている男性は、真面目になって深く考え、鋭い洞察力を示すようなあり方を身につけたほうがいいと言われた。

この二人は、これまでずっと長い間、その拠って立ってきたものを捨てろと言われたのではない。そうではなくて、もっと別な行動を経験する余地を作ることによって、自らの人生をより豊かなものに成し得ることを示されたのである。エイブラハム・カプランが述べたように、「もしもソクラテスの言の如く、まだ検討していない人生が生きるに価するというならば、まだ生きていない人生も充分、検討するに価する」ということである。にもかかわらず、こうした努力を自ら進んで行なう人はほとんどいない。

危険な徴候が見逃される理由は

長年にわたって私は、経営管理訓練と人間関係訓練の面で著名なある組織のメンバーだった。ある時、この組織がいつの間にか多額の負債をかかえていることが発見され、存続できるかどうかが憂慮されるに至った。その際、幹部たちはコンサルタントを雇ってきて力を貸してもらうことにしたが、こともあろうに組織内の人間関係の改善について助力してもらうことにしたのだ。幹部たちの考えというのは、対人関係が好転すれば、どんなトラブルも減少するであろうというものだった。

私はそれに反対し、まず最初に手をつけるべき仕事は、借金を減らすことではないかと提案した。しかし私の意見に耳を傾ける者はなく、人間関係の改善に金と時間を投入しつづけた。この組織は、すでに自らが専門とする領域にさらに磨きをかけようと熱を入れる余り、組織の存在そのものを脅かしている問題点に注意がいかなかったのである。

その結果、まさしく倒産寸前にまでなってしまった。

もう一つ、別の例を挙げよう。東海岸のあるハイテク企業が、作業チームの組織化をしようと、多くのコンサルタントの協力を仰いだことがある。私は最初に契約を結んだ一人だった。この試みは、会社の創業者で社長だった人の関心を強く引いた。彼はもともとカルテック社にいた天才的な技術者で、市場を支配していた同社の代表的製品を開発した人である。われわれがまず最初に試みたワークチーム方式の導入が大きな成功を収めたのに魅せられ、この社長はそれぞれの分野において傑出したコンサルタントばかりをさらに呼び入れ、われわれが行なった当初の努力に一層磨きをかけ、新機軸を打ち出そうとした。これら一連の実験は非常にうまくいったので、ビジネス関係だけではなくて、一般の雑誌にも書かれたほどだった。

しかしながら、程なくその会社はマーケット・シェアを失いはじめた。だが社長は、企業における人間関係の改善にのめり込み続けていた。企業における人間という次元に魅せられて、それを深く追求しようとする熱意のあまりに、製品の多角化とか金融機関との関係などの領域をおろそかにしているのではないかと私は提言した。しかし、社長の実験は、それが当人にとってはとても満足すべきものなので依然として続いたが、挙げ句の果てにその会社は、沈没寸前という危険なところにまで追いこまれてしまった。

うまくできることに熱中するな

われわれ全てにとって難しい点は、うまくできることにあまりにも夢中になってのめり込むことによって、本来ならもっと良くやれるはずの別のことには全く目が届かなくなることである。従ってマネジャーにとって特に大切な課題は、組織がすでにうまくこなしていることのみに依存して、「本当にしなければならないこと」が見えなくなると、その組織自体が自ら墓穴を掘ることになることを、絶えず心することである。

20◆大きな変化は小さな変化より起こしやすい

不条理のマネジメントという考え方に関して、誰がその生みの親かと考えてみるならば、それはまぎれもなくC・ノースコート・パーキンソンだと言える。有名な「仕事は使える時間を満たすところまで増えていく」という、パーキンソンの法則の生みの親である。この法則だけでなくて、人間の組織の不条理性について、ほかにも数多くの機知に富んだ鋭い洞察を行なったのも彼である。

委員会が一つの議題を討議する時間は、その議題に係わる金額に反比例するという考え方を提唱したのもパーキンソンである。予算会議に出たことがある人なら誰しも、この現象を体験しているだろう。一〇〇ドル程度の項目については何時間も議論を重ねるが、一〇〇万ドルもの予算項目に関する討議は、あっという間に終わってしまう。予算上のささやかな項目に関しては、ほとんどすべての人が一家言を有するが、一〇〇万ドルもの項目に関して耳を傾けさせるような論評を繰り広げられる人は少ない。

中規模のエレクトロニクス企業のCEOが、ある時、私にこう話してくれた。たった一日で組織形態を完全に変え、組織図をフラットなものにし、いくつもの管理階層を削ってしまうことは可能だが、一人の人間に対してそのデスクを三メートルほど動かすように説得するのには何日もかかった、と。大学の教授会での議論や討論が非常に時間を食うのみならず、辛辣でとげとげしいのは、利害関係が非常に弱いからだと喝破したのは、ヘンリー・キッシンジャー（元アメリカ国務長官。一九二三〜）だと言われている。

漸進主義はうまくいかない

変化をもたらす努力をするにあたって、できるだけ漸進的なアプローチをとった方が良いというアドバイスがなされることがある。その際、よく使われる喩えとして、歩く前には這い、駆ける前には歩かねばならぬという言葉が用いられ、これはそれなりの良識ある考えのように思える。しかし、このことは人間に関する領域においては、必ずしも最善の助言だとはいえない。医者であるディーン・オーニッシュは、厳しく節制を保つ食餌療法を主張している人だが、「大きな変化のほうが小さな変化より起こしやすい。

それは、大きな変化から生まれる利益のほうが、より劇的なものであり、しかもずっと早く生まれるからである」と言う。確かにアメリカにおける市民権要求への流れを見ると、漸進主義が果たしてどれだけの効果があったかは明確ではない。変化のペースはなるほど漸進的なものだったが、戦略としての漸進主義の効果については大いに議論の余地のあるところだ。マーティン・ルーサー・キング牧師は、これを「精神安定剤としての漸進主義」と呼んでいる。

人種間の融合を、われわれの社会における主要な機関で最もドラマティックに、かつ迅速にもたらした大胆な行為としては、トルーマンが大統領令として遂行した軍隊内での「黒人」関連法撤廃が例に挙げられる。軍隊内での人種差別の解消は、漸進主義によってではなく、激しい抵抗や反対はあったが、大規模な即時変革によってもたらされたのである。

これに対して、人種融合化への漸進的なアプローチは、やはり反対と抵抗に遭遇し、結局のところ必要とされる変化をもたらすことに失敗している。奴隷時代以来、アフリカ系アメリカ人もかなりの地位向上への成果をあげてはいるが、ごく特別な場合を除いて白人との経済的社会的基盤における格差は、この何十年もの間少しも縮まっていない。両者の所得格差は依然としてかなり大きく、われわれのコミュニティは、概して言うならば融合化してはおらず、人種差別主義も未だなお強い力を保っている。

現代の市民権運動が始まった時に、この運動の全般的目標を完全に達成するまでには、優に一世代はかかるだろうと言われていたことを憶えている。しかし、それはすでに二世代も前のことであり、アフリカ系アメリカ人と白人が共に暮らすという面では、ほとんど変化がないといってもよい。トルーマンが行なった大規模な変革はしっかりと定着してはいるが、ささやかな変化の方は何かにつけて抵抗を受け続けている。

大胆な動きこそ成果をあげる

一九九一年、自動車メーカーのゼネラル・モーターズ社は、二一の工場を閉鎖して七万四〇〇〇人の従業員を解雇すると発表してビジネス界を驚かせた。苦痛に満ちた決断ではあろうが、こうしたアクションは、大規模変化の好例といえる。GMのマネジャーは、どうしてもダウンサイジングを成し遂げねばならないと確信していた。一回に一工場を閉鎖しながら、マイナスの宣伝や従業員の敵意ある反応を一つずつ刈り取って、積み重ね的に曲がりくねった道を一歩ずつこなしていくこともできただろう。あるいは、発表したようにできるだけ早く片付けておいて、企業業績の回復とともに前進していく、という道も考えられた。しかしこの〝インスタント・ダウンサイジング〟方式に成功したことは、他の大手企業の目に留まらないわけはなく、すぐに同じようなやり方が広まっていった。

チャット・デイ広告会社と、ストックホルムのオプティコン・コーポレイションは、その事業運営の仕組みを急進的に変革させた企業として知られている。両社とも先端コミュニケーション技術を活用してペーパーレス・システムに切り換え、マネジメント・システムを再構築し、個室をすべて取り払い、「バーチャル・カンパニー」になった。こうしたラディカルな変化は、たとえ実現までに長い時間がかかったにしてもすごいことなのだが、実際には、両社はこうした急激な変化を一気呵成に成し遂げてしまったのである。

むろん、大きな変化は小さな変化よりしやすいといっても、こうした大規模変革を行なうことが、一般的戦略として常に適切なものだというわけではない。通常、変革の大小を問わず、経営上の意思決定を行なうにあたっては当然、辛抱強い綿密な分析が必要なのだが、それが充分になされてはいない。しかし、人間は大胆な行為をむしろ尊び、大きな変化がそれに反対する試みに対しても抵抗力があるならばその方を歓迎するという事実は、依然として真実だといえよう。

21◆人間は自分の失敗からではなくて、自分の成功と、さらに他人の失敗から学ぶ

「もう決してそういうことはしない」とか、「そうした過ちは二度と繰り返さない」という言葉を、われわれはこれまでに何度口にしたことだろう。にもかかわらず、人間は性懲りもなく同じ失敗を、学校で、結婚生活で、仕事で、また人生において、何度も何度も繰り返す。そういうことを重ねながらも、過去の失敗から学んでいるという思い込みを、これまた相も変わらず抱いている。

逆にまた、われわれは他人の成功に対しても、大いに関心を抱き続けている。そうした他人の成功例からも学ぶところがあると信じている。大枚をはたいて、本だ、講演だ、訓練コースだなどと、いわゆる「成功者」の手によって作られたものを買いあさる。彼らの主たる成功の本質が、自分自身を成功者として売り込むことに成功したにすぎない

にもかかわらず。また結果として、そのようなものから得られるご利益は取るに足らぬものであるにもかかわらず、相変わらず成功の公式を求め続ける。

このように「自分の失敗」や「他人の成功」から学ぼうとすることは、もういい加減やめるべきであろう。多くの心理学上の理論は、むしろ別な方向を指し示している。すなわち、われわれが本当に学ぶことができるのは、「われわれ自身の成功」以外にはないのである。ひとつの目標を達成することに成功すると、そうした目標へと導いてくれた行動が定着し強化される――いわば、そこでの学習が成り立つのである。したがって、次々と成功が続いている場合には、その学習効率もさらに向上する。

しかし、ここでちょっと立ち止まって考え直してみるならば、人生は野球の場合と同じように、そのほとんどは失敗から成り立っているのではなかろうか？　ヒットよりもミスの方が多いのではなかろうか？　確かにその通りではある。だからといって、われわれが失敗から学ぶということにならないのは、ちょうど三振したバッターが、そうしたミスからは、なかなか学ぶことができないのと同じなのである。

にもかかわらず、失敗することは大事なことなのである。なるべく多く失敗することが必要なのである。失敗しないということは、自分の限界にチャレンジしていないということであり、それは、行動を改善するために必要なリスクを冒さないことを意味する。

ダブル・フォールトを一度もしないような テニス選手は、用心深すぎてゲームには勝てない。転んだことのないスキーヤーは、その能力を最大限に発揮しているとは言えない。成功からの学習は、スポーツの場合と同じように、ゲームの流れを掌握し、全ての事柄が自分のためにうまく運び、何でも可能だという気持ちになった時に起きるのである。一連の事柄が思い通りにきちんと運ぶ時、力も身につき、また続けることへの励みも生まれ、それが最も偉大な成功へと導いてくれるのである。しかし、その反対の失敗の連続は、われわれを意気阻喪させ、がっくりさせてしまう。

他人の失敗からは学習しやすい

われわれは他人の成功を耳にすることによって動機づけが生まれ、それがこちらの励みになると思っているようだが、本当のところ、他人の失敗、特に専門家の失敗を見聞きすることほど、われわれを勇気づけ活性化させるものはない。

われわれが他人の失敗から学習することができるのは、専門家ですら失敗することが分かって単に快感を覚えるというレベルの理由だけではなくて、それ以上にもっと深い理由が存在する。それは、われわれ人間としては、他人が成功している時よりもむしろ失敗した時の方がその人への親近感が生まれるからであり、また他人と、より付合いやすく心が通いやすくなるという能力に係わり合いがあるのである。しかも、他人が失敗するプロセスの方が、より学習できるからでもある。

私の師でもあり同僚でもあるカール・ロジャーズは、カウンセリングに来た相手が自分の抱いている問題を語ってくれなければ、どうやってその人と話したらよいか全く分からない、とよく言っていた。最初にそれを聞いた時、私は、それはロジャーズの性格に特有な、いわば人間として持つ不幸な限界のせいだろうと考えていた。しかし間もなく、このことは私自身にもある程度、当てはまることが分かってきた。相手がうまくいったことを話してくれるより、うまくいかなかったことを話してくれる方が、その人との関係づけがずっと上手になって心を通わせることができたからである。

それ以来、このことは人間一般についても言えることに気がついた。他人が成功した時に、失敗した時と全く同じだけの感性なり思いやりなり誠意をもって対応できる人間は皆無と言っていい。作家のゴア・ヴィダールは「友が成功する時はいつでも自分の中のあるものが少しずつ死に絶えていく」と述べているが、これほどの洞察力や真っ正直な気持ちを持っている人も、これまたゼロに等しい。しかし、この言葉が示す以上のものが、失敗への反応の中には含まれているのだ。他人の失敗に対応する時には、われわれの中の何か良いものが表面に出てくる。これはわれわれが、他人が苦しむのを願っているからではなくて、成功している人に対処する時よりも、苦しんでいる人に対する方が、同情や共感の仕方がより良く分かっているからなのである。幸運な人に喝采をし、さらなる成功を祈る時もあるだろうが、失敗の体験を共有する時と違って、成功体験を共有することには、何か心安からぬものがあるのだ。

だからこそゴシップが人間を結びつける一つの力になるのだと言えよう。ゴシップは人間の品位を卑しめ、品格を傷つけるものだというレッテルが貼られているが、ゴシップこそ人間の諸経験の中で最も強く人々を結びつけ、社会の基盤となるたった一つの共通経験だといえよう。ゴシップが他人の成功話をめぐって生まれることがまずありえないことからも分かるように、われわれを結束させるのは、他人のトラブル話を分かち合うことなのである。

運と不運は裏表

われわれの社会では、成功と失敗を、個人の行動に帰することが多い。さまざまな出来事も個人に結びつけて考えるのを好むし、報奨制度も同じく個人を中心として作り上げている。しかし、われわれの成功や失敗の大半は、自分たちの所為をはるかに越え、コントロールできないさまざまな力によってもたらされるものなのである。このことは、日本人のほうがアメリカ人よりもずっとよく認識している。成功した場合、アメリカでは個人を抜き出してきては褒めそやすが、日本ではグループ全体の功績とするほうが多い。というのも日本人は、成功というものは個人の業績ではないことをよく承知しているし、グループのメンバーが協力しあう態度を醸成しようとしているからである。

成功するのは、単なる幸運に恵まれた結果であることも多い。儲かって笑いがとまらないのを喜んでいる時の組織は、その成功の理由を経営手腕に帰するところが多いが、実のところは、市場での位置づけがたまたま恵まれていただけということも多い。最も経営上手と見なされる会社ですら、その成功の原因の大半は、運が良かったことによる場合も多い。IBMを例にとってみよう。もともとIBMはパンチカード・システムを生み出し、その市場を独占することによって大きく発展した会社だが、もしアメリカ司法省が独占禁止の訴訟を起こして同社をパンチカード市場から追い出そうとしなければ、IBMがコンピュータ業界の巨人となることはなかっただろう。

人生における運不運の果たす役割はあまりにも過小評価されているが、この点はCEOに対しては心して口にしない方が良い。作家のE・B・ホワイトが述べているように、「幸運という言葉は、自分の腕一本でたたきあげてきた男の前では口にしてはならない」からである。ポリオワクチンの開発者として著名な故ジョナス・ソークが私に語ってくれた言葉をよく思い出す。彼は、ふと考え込んだような口調で、「成功の灰の中から自分の人生をいつも築き直しているような気がする」と言っていた。

成功と失敗は、深いところで密接に絡み合っている。山高ければ谷深しと同じような関係が両者にはある。失敗があってこそ成功がはっきりし、また成功によって失敗も明らかになる。片方だけ独立して存在することはありえない。また時として自分が成功だと思っても、実際のところは失敗だったりする。また、その逆もあり得る。その上、まさに禍福は糾《あざな》える縄の如しで、失敗が成功を、成功が失敗をもたらすこともある。たとえ成功したとしても、少なくともその一部は幸運によるものであり、逆に失敗も不運の結果であるともいえる。それゆえ、成功するか失敗するかということは、他人の業績に関しても——もちろん自分自身に関しても——それが唯一の尺度であるなどとは決して言えない。

経験から学ぶ人はめったにいない

失敗から学べるという考え方は、人間は経験から学ぶという発想や、経験こそ最善の教師であるといった見解に根ざしている。見方によっては、経験こそ現実にわれわれが持っている全てなので、今さら言わずもがなの真理だともいえる。しかし経験から学ぶということは、その経験がわれわれの手に入って使えるような形に処理できることを意味する。その場合、まずその経験を分析しなければならないのに、大半の人は何だかんだと理由をつけて、分析を怠る。時間やエネルギーを無駄に使いたくないとか、経験の中での不愉快な側面などは知りたくないとか、失敗の奥底を深くのぞきこむことなど真っ平御免だということである。経験は最上の教師になりうるが、そうしたことはめったにあり得ない。

組織コンサルタントのロバート・タンネンバウムは、「ひとつの仕事に三〇年以上も就いていたトップ経営者の大半は、三〇年間分の経験があると称してはいるが、そうではなくて、同じ一年間の経験をただ三〇回も繰り返したにすぎない」と喝破している。

22◆努力することは何も実らない

私がいつも当惑し、また心穏やかでなくなる一つの事実がある。それは、充分な訓練も受けていないどころか、いささか倫理性に欠けるとすら思われるような経営コンサルタントの手による軽蔑すべきアプローチが、非常に尊敬するコンサルタントの技法と、多かれ少なかれ同じような成功を収めているという事実である。このことは、いかなる技法やアプローチを採ろうとも、それ自体にはあまり意味がなく、いずれもうまくいくように見えるという観察結果をもたらす。

また一方では、コンサルタントがもたらした変化は、いずれもすぐに色あせて消え去り、導入された痕跡ですらほぼ跡形もなく消滅するという、これまた私の心を搔き乱す事実もある。これら二つの観察結果を突き合わせると、そこに興味深いパラドックスが存在するのに気がつく。それは、「努力して試みる全ては、一見効き目があるようだが、結局いずれもうまくはいかない」ということである。

ここに、心理学者たちを困惑させる調査データがある。心理療法の世界にはさまざまな学派があり、その中には根本的な部分で対立しているものもあるのだが、結局のところ、あらゆる心理療法の治療結果は同じだというデータである。心理分析だろうと、暗示療法だろうと、文字通り何百という、現在用いられているその他の療法のいずれを使っても、その成功比率は皆同じなのである。とはいえ、経営コンサルティングの場合と似て、心理療法の効果というものは幻影のようなものである。心理療法の成果として永続的な行動変容が生まれたことを確かめるのは、きわめて困難である。

こうした現象に気がつかないために経営コンサルタントは、広く受け入れられそうで望ましい効果をあげそうな手法を案出すると、事態を「正しく処理する方法」を発見したと主張する。しかし問題なのは、どんな技法を使ってもたいした違いはなく、皆うまく作用するという点なのである。

この点が最もはっきり表われるのは、経営訓練の実習の場、特に人間関係を探究するために用いられる技法を使用する時である。こうしたテクニックをぎっしり詰め込んだマニュアルは、今や数えきれないほどある。その全てが必ずや、うまくいくのである。

たとえば経営訓練グループのリーダーが、こんなことを言ったとしよう。「さあ、それではこの部屋の明かりを全部消して、今取り扱っている問題を、お互いの顔が見えない暗闇の中で討議し続けよう」この会合が終わると、人々は、これまで体験した中で最も良かった訓練だったとか、暗闇の中での会話を凌ぐほど得るところが多いものは今までなかったなどと言うだろう。訓練計画を実施したコンサルタントやマネジャーは、その対象となった働く人々のこのような反応によって、やすやすと間違った方向に導かれてしまうのだ。

人々は、自分が体験した方法や技法がどんなものであったにせよ――とりわけ、それが苦しい訓練であった場合には――その中で最も感銘を受けた点について語ることが多い。「それが私の人生を変えてくれた。もう今の自分は、かつての自分とは違う。これは私の人生で起こった最も驚嘆すべき出来事だ」などと口にすることも、決して珍しくない。こうした反応や言葉は、特にこちらがそのような趣旨のことを聞きたいと願っている時には、そうたやすく捨て去って忘れられるものではない。

正しい方法などはない

若いマネジャーが新しい技法に夢中になるのは、全てがうまくいくように見えて、結局はいずれもうまくいかないということが、まだ分かっていないからである。これと同じ理由で、大ぼら吹きのペテン師や狂気のカルトのリーダーが熱烈な信奉者を持つことができ、一時的に大流行するどんな手法でも一定の数のマネジャーを虜にしてしまうのである。しかし、この事実は、真剣な気持ちで問題を解決しようとする責任感の強いマネジャーに一つのジレンマをもたらすことになる。マネジメントをめぐる諸々の研究が、言うなればまだ混乱しているため、マネジャーには、これぞ正しい道というのは存在しないように思えるからである。

完全にタイプの違ったリーダーでも、いずれも同じように成功することができるが、その理由の一部は、部下である従業員が、上司であるリーダーがよく見えるようにさせる力を持っているからである。組織というものは、どんな種類のリーダーシップを与えられたにしても、たいていの人々がそれぞれの最善を尽くし、いかなる環境下においても事態をうまく進めるように努力するからこそ、生き延びていくのである。つっけんどんで、ぶっきらぼうで、うるさ型の独裁的ワンマンが、やさしく物静かで、感受性の強い民主的なマネジャーと、いつもほぼ同じような成果をあげるのは一体なぜかということは、つねに研究者の心を悩ませる問題である。どんなマネジメント・スタイルをとるにせよ、それが心底まぎれもなく「自分自身のものであり」、一人の人間としての性格に合致したものであるならば成功するという説を唱える人もいる。

しかし、別な見方もある。マネジメント・スタイルとは、健全なマネジメント原則のいわば上表紙であり、それはさまざまな要素――公正さ、誠実さ、粘り強さ、グループへの尊敬や愛情、部下を積極的に支持・擁護すること、ビジョンを提示すること、懸命に働くこと、仕事や組織に対して純粋な自己投入を行なうことなど――が凝縮して表にあらわれたものであるとする。だからこそ、事柄を立ち上げるのがうまくてもその後の詰めが弱いマネジャーも、大局観を持つことに長《た》けていても細部をきちんと成し遂げることができないようなマネジャーも、いずれも成功しうるのである。部下のほうが、こうしたマネジャーの違いや弱味を補ってやることによって、マネジャーが実際に成功するように仕向けてくれるのである。

安易なものは長続きしない

大人気を博したビジネス書で取り上げられた企業のその後を調べてみると、「何かがうまく行っている」という、一見、人を魅惑する考え方に対しては、最初から疑ってかかるのが当然だという事例がいくらでも見つかる。たとえばトム・ピーターズとロバート・ウォーターマンは、ベストセラーとなった共著の『エクセレント・カンパニー』で、それぞれの市場で卓越した地位を獲得させた経営手法を実践している会社を選び出した。しかし、そのうちの何社かは、当時絶賛された効果的な経営手法なるものを続けて実践していたはずなのに、間もなく相当困難な状況に陥り、現在ではもはや「エクセレント」などとは決して考えられないような状況となっている。

一九三〇年代にイリノイ州ホーソンにあるウエスタン・エレクトリック社の工場で行なわれた一連の古典的研究は、働く人々は自分たちに注意が払われると——それは、人々を支援するための経営努力の表われだと考えられていたが——その生産性は、当然低下すると予測されるような状況下にあっても逆に上昇することを発見した。この研究結果をもとに、この工場では、働く人々に対して、もっと注意や関心を払うことを狙いとした制度が実施された。だが、それから数年後、この研究の共同研究者であるF・J・レスリスバーガーは私に、「全て消えちゃってね、何一つ残っとらんよ」と、その挫折感を私に打ち明けてくれた。レスリスバーガーの説明によると、彼と同僚のエルトン・メイヨーが導入したものは、最終的には全て放棄されてしまい、そのような制度が試みられた痕跡すらとどめていないという。

ホーソンにおける研究は、一定の条件のもとでの限定した実験という場では変化が生まれやすいことを示している。だが、この実験のその後の成り行きや結末からも分かるように、こうした変化は、すぐに雲散霧消してしまうのである。

永続する変化を生み出すには

人間が、自分自身の中に永続するような変化を生み出しうるのは、一つの規律を持続的に守ることに本腰を入れる時である。たとえば、速成ダイエットはうまくいかないが、食事習慣を恒久的に修正していく方法はうまくいく。温泉療法は（帰ってくると）その効き目はなくなるが、日課として、きちんと運動をしたり、ストレッチ体操をしたり、ウェイトリフティングをすることは有効である。同じことは、マネジメントについてもあてはまる。永続するような変化は、健全な経営原則を採り入れ、これを持続させるという基盤の上で実践することからしか生まれてこない。即効薬などという手っ取り早い解決策はない。

23 ◆ 計画化は、変化をもたらすには効果のない方法である

およそ組織というものは、それ自身で変化することは、どうもあまりうまくない。組織が変化する場合、それは計画化の結果というよりも、外部からの圧力とか侵略とか、内部からの反抗などの結果であることのほうが多い。こうした議論に対して、うまくいかないのは計画化《プランニング》することではなく、立てた計画《プラン》それ自体がまずいからだと反論する人もいるだろう。なるほど、プランニング・プロセスそのものは、それなりに値打ちがあるといえよう。しかしここで、しっかり区別すべき点は、「変化を起こしうるか否か」である。この点に関して言うならば、計画そのものも、また計画化することも、いずれも効果的ではない。

計画を立てることは、未来予測が可能だという誤った考え方に根ざしている。だが、

未来の方はいつもわれわれの意表を衝いてやってくる。将来の出来事を予測するのに優れた方法などない以上、そのための計画を立てるのに確実な方法などはありえないのだ。なぜ、計画を立てることが、変革をもたらすにあたって、全くといってよいほど役に立たないのかを示す理由は他にもいろいろある。

●組織の成員には、組織のどんな側面が変革を求めているのかが見えにくい

ほかの人には明々白々な点が、当人には目につかないことが多い。それだからこそ、よその組織において専門家になるのは、実にたやすいのである。しかもその上、組織には通常、自らを現状維持しようとする力が強く働くが、その中には組織活動を助けるにはもはや何の役にも立っていない人々や制度を保持することも含まれている。従って、計画を立てる責務を負わされた人は何人《なんぴと》といえども、変化への抵抗を受けずにはすまないのである。

●計画化のプロセスは、比較的地位の低い部署で行なわれることが多いので、計画策定担当者には経営レベルの狙いや関心事がよく分からない

そのため、そこで立案される計画は、本当に戦略的なものとはいえなくなる。あまり

にも多くの場合、計画を立てることは一つの空虚な儀式に堕し、経営側に対してこの分野で何かしら動いていることを感じさせるための形式になり下がっている。さまざまな計画は立てられはするが、実行されることも、検討されることも、組織の現実に照らして再検討されることもない。計画担当者がいつも欲求不満に陥っているのも当然のことといえよう。

●プランニングが、通常ひとつの部門で担当されるという事実そのものが制約要因となる
計画策定活動が全部門からの一致協力した体制の下で行なわれていない場合、組織全体からの「支持や計画内容の承認」が、広くは得られない。計画を立てても結局のところは、組織全体からそれを「買って」もらえなかったり、参画してもらえなかったりするので、無用の長物として放置されて、計画倒れに終わってしまう。

●計画化のプロセスは通常、その計画を実行する際にマネジャーがこうむる数多くの政治的な圧力を効果的に調整する方法を、あらかじめ計画の中に織り込んでおくことができない

たとえば都市計画においては、大手の不動産開発業者などの特定の利益集団が、政治家に献金することによって自分たちに都合の良い法律を作らせるので、計画策定担当者の最善の意図は挫《くじ》かれてしまう。個々の市民が都市計画部門の担当者とやりあって自分たちの計画を受け入れてもらおうとする場合、相手の計画担当者は非常に強力な存在のように見える。だが実のところ、彼らは特殊な利害関係者の影響力に対しては、かなり無力だと感じているのだ。企業の計画担当者も同じようにして自分たちの計画が骨抜きにされてしまう。それというのも、他の企業と馴れ合い関係にある重役たちや、その計画とは相容れない自分のお気に入りのプロジェクトを無理強いする経営者や、会社が仕入れ先や競争相手などと密かに結んでいる裏取引などによってハシゴをはずされてしまうからである。

●計画を文字通りに忠実に遂行するには独裁的といえるほどの統制力を必要とするので、人間の自由な精神が窒息させられる

都市計画でできたコミュニティがこの良い例である。美しく清潔で秩序立ってはいるが、住民はそれなりの代償を払わねばならない。秩序が活力より優先する際の代償は、個人の自由の喪失である。あらゆる種類のコミュニティや組織にとって、確かに秩序は

必要である。しかし同時に、秩序とは正反対のもの、すなわち自発性や、ある程度のカオスや、場合によっては雑然としていることも必要なのだ。発展する都市の中には自発性や創造性に溢れた自由奔放な空間があるのと同じように、組織も自らの中に、権威主義的な計画ではとかく排除されがちな、自由な人間行動を許す余地を設けておくべきなのである。

●計画化も他の経営活動と同じように流行の犠牲になりやすい

そもそも「プランニング」という言葉自体が流行から生み出されたもので、約一〇年前に「戦略的計画」がビジネス界の流行だった時はもっと人気が高かった。しかし、今はそうではない。

●自己の利益の追求が効果的な計画化への障害となる

とりわけ専門職の人々は、計画化がもたらす変革に頑強に抵抗し、自分たちの利益を守ることに熱心である。もし仮に、専門家たちが一般大衆の利益を真に考慮しながら計画を立てるとなると、他部門との合併などによって自分たちの組織を縮小するとか、あるいは自身の失業を招くことすらあろう。そこまではいかなくても、自らを多様化させ、その成員を再訓練し、現状維持の脅威となるようなありとあらゆる種類の活動に従事せざるをえなくなる。だからこそ専門家の立てた計画は、大胆だったり過激だったりすることは、まずないのである。

反抗と侵略の組織変革力

外部からの反抗や侵入が、計画化よりもずっと組織を変革させる力があることはすでに述べた。労働運動は、こうした反抗が、永続的効果をもたらす好例だといえる。企業組織の機能のしかたに対して、労働運動はいかなる経営テクニックよりもはるかに抜本的な変化を及ぼしてきた。

同じようにコンピュータの侵入により、組織は明らかに変革させられた。現在われわれは、コンピュータ化が進んだ結果、組織が自らの在り方を大幅に考え直しつつあることを目のあたりにしている。

企業の乗取りも、それが敵対的なものであれ友好的なものであれ、外からの侵略によって組織が劇的に変革させられるもう一つの例だといえよう。特に、企業の新しいオーナーが、会社の再組織化が正式になされる前に主要な変革を行なってしまう時など、まさにそうである。

労働運動、コンピュータ化、企業買収という三つの動きを見ただけでも、将来の組織設計を、過去と同じようなやり方で行なってはならないことが、おのずと分かるだろう。

なぜプランニングが重要なのか

プランニングが、今まで述べてきたようにあまりにも効果がないというならば、なぜそれを行なうのか。しかも計画を継続することが、なぜそれほど重要視されるのか。

プランニングは、将来を見抜くには効果的でないかもしれないが、現在を評価するにはそれなりに優れた方法なのである。さらに、計画を立てることは、やがて必要となるトレードオフ（取捨選択）が何かを教えてくれ、さまざまな可能性を綿密に評価するための基準をも定めてくれる。また、ありうべきシナリオづくりを刺激し、アイディアをまとめあげ、種々の事柄の成り行きについて否でも応でも考えるように仕向けてくれる。その上、プランナーのジヴァン・タビビアンが「事柄を予期するための警戒心」と呼ぶ気持ちを経営側に惹き起こし、それによって予期せざることに対しても、より良く準備をさせてくれるからである。

だからプランニングにおいて重要なのはこうした過程《プロセス》であって、その成果《プロダクト》ではない。

プランニングは、それが最もうまくいった場合、組織としての柔軟性と即応力の基礎となる事前予期型の戦略的思考法である。それこそ、プランニングが提供しうる最大のものではあるが、これだけでも相当なものである。

24◆組織は難局を乗り切ることによって変わっていく

人々に自分たちの人生を形作ってきた上で最も重要なことは何かと質問すると、大恐慌時代を生き延びてきたこと、家族の一員が亡くなったこと、あるいは大事故に巻き込まれて危うく九死に一生を得たことなどがもたらす恩恵について話してくれる。われわれは、体験的に習得した知識や知恵を大事にしてきている。これを「厳しい実社会での経験という学校」などと呼び、逆境に耐えることで性格形成が行なわれるものと考えてきた。しかし、こうした信念をマネジメントをめぐる考え方の中に取り入れることはなかなかできないが、それにはもっともな理由がある。そこには、とんでもないパラドックスが存在するのだ。すなわち、われわれが組織の中において最大限の努力を払って回避しようとしている状況こそ、実は組織に最大の恩恵をもたらすということである。

難局を乗り越えていくことが、どのようにして組織のためになるかということは想像しにくい。しかし一方でわれわれは、人間が成長し、成功するのは、身に起こる良いことのためばかりではなくて、むしろ大災厄とか危機とかいった悪い事態によるほうが多いことも承知している。危機的な体験をすることによって、人間は自分自身の人生や生活をしっかりと再評価し、自身の能力や価値観や目標をより深く理解し、それを反映させるようなやり方で生き方を変えていくようになるからである。

組織も厳しい逆境に対して、似たような反応をする傾向がある。危機的状況を生き抜いた結果、組織も変わっていくのだ。むろん全ての災難から生き延びられるというわけではない。そうした不幸の多くは命取りとなり、組織そのものの息の根を止めてしまう。だが、個人の人生においても業苦を耐え抜き、そのために多くの点で以前よりも逞《たくま》しくなる人が多いのと同じように、組織もそうした苦闘を通じて引き締まり、団結心が生まれることによって、ほかの組織が沈没するような状況であっても、何とか浮かび上がる手だてを生み出す。

大災厄こそ変革のチャンス

組織を襲うとてつもない大災厄ですら、時には恵みとなることがある。カリスマ的な指導者や創業者の死などが、そうした例としてあげられる。その当座は避けられない破滅があるのみだと思われるが、多くの組織からの報告によると、自分たちですら驚いているように、偉大なる指導者が失われたことにより、組織はそれまでは気がつかなかった制約や拘束から解放されるのだ。

大規模な人員整理も組織全体に大きな衝撃波を及ぼし、果たして組織は生き延びられるかどうかと、多くの人は考える。しかし、それがしばらくたつと、労働力の激減が組織の中からあまり働きの良くない従業員を除去し、かつ残った労働力の気持ちを引き締めるので、実際上、組織効率は好転する。こうした状況の下にある経営者は、より少ない人数で、前より多くの仕事がこなせることが分かる。

敵対的な企業乗取りも、大災難の一つと見なしてよいだろう。しかし、こうした不幸がもたらす並々ならぬ困苦の渦中にある人々は、その影響から完全に立ち直れないと承知はしているが、乗取りは悪いことだけではなくて、しばしば良いことをもたらし、その結果、組織は前よりもしたたかになっていくのだ。こうした試練に耐えられない組織も数多いが、苦しい体験を切り抜けたところは、以前よりも健全になり、重要な目標に対して焦点をよりよく絞り続けることができる。

マネジャーには選択肢はない

個人の方は身にふりかかった災難を、自分を鍛えなおすための重要な試練として受け止めるが、マネジャーとして組織が被る災厄を、変革や成長の根拠として語る人は少ない。こうした災禍は、経営にとっては困惑そのものであり、成功への鍵と見なすことなどなかなかできない。

むしろマネジャーは、「危機を管理する」ことが成功への必須条件であると考える。それも昔ながらの知恵と言えよう。しかし本当のところ、個人が災厄によっていかに成長し、また会社もいかに繁栄していくかをめぐり、昔ながらの災厄の持つ鍛練効果に関しては充分には分かっていない。いずれにせよ、ここにもう一つのパラドックスが横たわっている。経営においては、組織に最も恩恵を与えうる危難自体を避けようと試みる以外には、ほかに選択肢はないのだから。

25 ◆ 変化してもらいたいと思う人は、今のままのやり方でも結構うまくやっていく

新聞の編集者は、「なぜ、いいニュースを載せないのか?」「なぜ、災害や犯罪や暴力や腐敗や人の死ばかりを記事にするのか?」という読者からの昔ながらの質問を受けると、決まって渋い顔をする。そしてもちろん、「こうしないと新聞がたくさん売れないからだ」という決まり文句で答える。しかし、この問いかけは、きわめて重要な事実を明らかにしている。このような報道の結果として、われわれは、たいていの人々が実際に行動している姿を正しく反映していない社会像を抱くことになっているのだ。

人間は、自分が悪い行動をした時のことが忘れられないがために、正しい行動をするのだという説を信じている人などはほとんどいない。たとえば、アメリカの犯罪や暴力について言えば、実際には犯罪の発生件数が過去数十年間ずっと低下してきていること

を示す確固たる証拠があるのだが、われわれは犯罪や暴力に対して、未だにヒステリックに騒いでいる。こうした不安の炎は、恐怖の物語を第一面に掲げ、犯罪減少を示す統計などは後ろのページの片隅に追いやらざるをえないメディアによって煽られ、そのうえ、人々の恐怖の念を利用することが当選への確実な道だと信じ込んでいる政治家の手によって、なおいっそう燃えさかる。

新聞やテレビからだけでは、われわれの社会が前よりもいっそう都市化して、複雑になっているにもかかわらず、人々が以前よりも法律をよく守るようになってきていることなど、知る由もない。多くの人が現在のあり方で結構満足しているという情報も、われわれの耳に入ってこない。

マネジャーの場合も同じ問題を抱えている。マネジャーの耳に聞こえてくる職場の話は、故障だとか、失敗だとか、誰かの無能ぶりとかいう、悪い話ばかりになりやすい。自分たちが接している人々に関して、気分の良くなるような話はあまり聞かれない。

企業や産業界では、毎年何十億ドルという金を費やして、従業員を訓練したり、励ましたり、報奨を与えたり、あるいは警備システムを備えつけたりして、こうした問題のある人間に対処しようとしている。だが、こうした努力は通常うまくゆかず、それどころか逆効果すら招きかねない。事態を混乱させている原因はいつも人間の側にあるように思えるが、実はそうした困難を引き起こしているのは、個人個人でなくて、それぞれの状況なのである。

したがって有能なマネジャーは、人間を正すのではなくて、組織の中に構造的変化を起こすことによって、状況を正そうとする。各人を変革することを企図するよりも、報告関係を変えたり、相手に期待する職責を拡大あるいは縮小したり、フレックス・タイム制を導入したりする。

状況をアレンジすることによって人間を良くも悪くも見せることができるというのは、一つの厳然たる事実である。実験的に、ほとんどの人間が互いに騙し合うような状況を作ることもできるし、それとは正反対に、監督官がいなくても誰も不正を働かないような試験方式を実行することもできるのだ。周囲の事情こそ、人間行動に対する強力な決定要因なのである。教会の中で煙草を喫う奴などはいない。

高い信頼感が高い成果を

たいていの従業員は、できる限りベストを尽くすものなのである。良い仕事をこなし、お互いに協力し、目標達成を心がける。対立よりも調和を、無為無策より行為行動を、遅滞遅延よりも生産性向上を望む。無論、これはすべての人間が、いついかなる時でもと言うのではない。だが一般的に言うならば、人間は効率良く業務を遂行して成果を上げることを望んでいるのだ。

マネジャーは、この点をなかなか認めたがらない。というのも、これまで彼らが学んできた人間行動の研究結果の中には、人間がそれぞれの最適の場にあって業務遂行上のピークを達成する瞬間のことなどは、全く言及されていなかったからである。人間の行動に関する研究の多くは、学校の中の人間を対象に行なわれる（そこが最善の状況であることなどはめったにない）。その他の研究も、クリニックとか刑務所とかいった、さらに向上への見込みが低い状況で行なわれる。その結果、われわれは誰一人として、人間が本当にどこまでできるのかを、実際のところつかんではいない。そのため、われわれの努力は通常の場合、人間の中から最高のものが生まれでてくるようにするための教育や啓蒙やプラス評価といった方向には向けられず、問題のある人間を更生し改心させようとすることに注がれる。

組織の方針や設計方法も、人的資源に関するこうした誤った見解の影響を受けている。ある時私は、経営コンサルタントのジャック・ギブが、マネジャーのグループに対して、従業員相互の間で最低レベルの信頼感しか生み出さないように組織設計をさせる演習の場に立ち会ったことがある。いわゆる「低信頼組織」を作り出すための行為や、そこに導入される手続はいかなるものかを知ろうとしたのである。

マネジャーたちは、難なくさまざまなアイディアを考え出した。いわく、全てのものに確実に鍵をかけるとか、タイム・レコーダーを設けよとか、業務処理手続に関する膨大なマニュアルを作れとか、万事を規則ずくめにせよとか、予告なしに従業員を解雇せよとか、個人別の分厚い人事資料のフォルダーを作ってそれを当人には見せないとか、たいていの人は入れてもらえないような私的な会合を持て、などなどである。しかし、一つずつこのように列記するにつれて、その場にいたマネジャーは、こうして書き出された状況は、実は各人が所属する組織そのものの姿を反映していることを知って、気まずさと可笑しさで顔を赤らめはじめた。

続いてギブが、今度は逆の演習をやろうと言って、人間性はそれほど悪いものではないという考え方に立脚した「高信頼組織」を構築してくれと頼んだ時、マネジャーたちが行なったことは、優れた経営管理の手法としてどこでも教えられていることと酷似した原理原則を持ち出してきた。事柄を充分に説明するよう心がけよ。上から下への一方向だけのコミュニケーションの流れを逆転させよ。皆が共有できるような一連の目標を作り上げよ。個人中心に考えるのではなくてチームを作れ。罰するより褒めろ。現場で起きていることに絶えず触れるようにせよ。従業員の心配事や個人的な問題にも注意を払え。部下の職務内容を拡大・充実せよ……。

要するに、人間性に対する信頼から自然に流れ出てくるものは、まさしく健全なマネジメントそのものであり、こうした肯定的アプローチも、その逆の否定的アプローチと同じように、実現性が非常に高いものなのである。

心理学者のマイクル・カーンは、演習の場においては、そこでのグループ行動に関する基本原則の設定の仕方次第によって、高い業務達成度を導き出しうることを実証した。彼の指摘によると、たいていの演習は美人コンテストのように組み立てられていて、参加者はそれぞれの個人的能力を見せびらかすよう奨励され、グループ内の他の人々に比べて自分の方が賢いことを見せつけるようにと仕組まれている。従って、自分自身をよく見せることだけではなくて、同じグループの中の他の人々を厳しく批判し、その足を引っ張ることが重要になってくる。

カーンは自らが行なう演習においては、アメリカの開拓時代の実例にヒントを得た「納屋づくり」と称するアプローチを植えつけるようにしているが、それは、新しい納屋を必要とする人は、友人や近所の人々の手を借りないと建てられないという発想法である。お互いのアイディアを批判するのではなくて、それをさらに実現へと推し進めていかなければならない。グループは、誰かの考えを取り上げて、きちんと建築物を本当に建てられるかどうか、あれこれと試みる。このアプローチは、それまで慣れてきたやり方とはだいぶ異なるが、ひとたび基本的な約束事が定められれば、驚くほどたやすいものとなる。その結果、生まれてくる討議内容は必ず、より生産的なものとなってくるのだ。

あるがままの姿を活用する

われわれは過去の人生でやってきたことを後悔し、あの時もっと別な対処のしかたができていたらなどと考えながらも、とどのつまりは同じ状況を蒸し返している。しかし、たいていの場合、われわれは過去を振り返った時でも、それほど切実に過去を変えたいとは思っていないのだ。というのも、一人の人間の人生は、あらゆる範囲に及ぶ経験から成り立っていて、良きことが悪しきことの結果として生まれたり、その逆も真だからである。

同じようなことは、組織についても当てはまる。さまざまな人間を集めてチームを作った当初には、その構成メンバーがもっと別な組み合わせであったらなどと願う——こいつは引っ込み思案すぎるとか、あいつは荒っぽすぎるとか、考えすぎる奴だとか。しかし、いったんチームが形成されて一緒に働きはじめると、予期しなかったような楽しいことも起こったりする。これらの人間を何とか変えようとしつづけることはやめるべきであり、当初は心配だった諸特性も、そのあるがままの姿を正しく評価して活かすべき優れた資質だということが分かってくる。不条理のようだが、人間は実際には、現状とは別のあり方などは望んではいないのである。

第七部

リーダーシップの美学

26◆大きな強味は、そのまま全て大きな弱味である

ほかの人々や自分を評価する際には、性格特性リストを作ることが多い。紙の片側に長所や強味を書き出し、反対側には短所や弱味を書き出す。しかし本当に必要なのは、こうした強味や弱味の中間に書き出すべきもののリストなのである。人間には基本的な二面性があるがゆえに、真ん中のリストの方が他のリストより、より多くのことを物語る。

強味といえども、それにあまりにも依存したり、極端なところにまで押し広げたり、本来適用すべきでないところにまで及ぼしたりすると、弱味に逆転してしまう。長所たるべきものが余りにも強すぎると、それだけ余計に弱点になってしまうのだ。たとえば批判する力や知的な能力が高くて何を議論しても他人を打ち負かせる人は、こうした強

味に過剰依存してしまう。それによって情緒面での対応能力を失ってしまい、他人の考えや意見を手厳しく、また手荒に取り扱いやすい。

ずば抜けて美しい人やハンサムな人は、それ以外の資質、たとえば技能を身につける、懸命に学習するといったことをしようとはしない。粘り強い人は、もうそろそろ方向を変え、それまでのやり方をやめたほうが良いことが明らかになった後でも、同じ行動を取り続ける。ダイエットに対して極端なまでに気を使う人は、時にはリラックスして、多少ルールを破る必要がある。自己批判の気持ちが強くて、自分への要求が厳しい人は、もっと自分をあるがままに認め、自分自身を可愛がる必要がある。常人とは思えぬほど成功している人は、その成功のためにかえって他の人々から自らを遠ざけてしまうことになる。

こうした個人の諸特性を理解する際には、長所の隣りに「あまりにも良いので、それがかえって欠点になりかねない」という言葉を添えておくべきであろう。あまりにも気前が良いので、それがかえって仇となるとか、あまりにも忠実なので、それがかえって傷になる……などというように。「貧しすぎるなどということも、逆に富すぎるなどということも、ともにありえませんね」と述べた、ニューヨーク社交界の花形だった故バーバラ・ペイリーの有名な意見には、確かにそれなりの魅力はあるが、しかし人間は、貧しすぎるということも、逆に豊かすぎるということもありうることを心得ておくべきであろう。

弱味も強味になりうる

もしも強味が弱味になりうるとするならば、その逆も真なのであろうか。つまり、弱味もそのまま強味になりうるのだろうか。この問いへの答は、たいていの場合はイエスだと言える。恐怖心が強いことも、それがうまく活かされれば、時によっては良い意味での注意深い人となる。完璧主義者も非常に貴重な働き手でもある。自分が力量不足だと感じる人には、何かを達成しようという欲求が生まれてくる。心気症の人は、自分の健康をとても気遣う。ものにこだわり、ひとつの目的にしか注意が向かない経営者は、かえってそのために、ほかの人を鼓舞することができる。

昔から、心理療法を行なう心理学者やサイコセラピストの世界では、患者の精神状態を明確に見るためには、まず自分自身を明確に見ることができ、自分自身が心理学的に健全でなければならないと考えられてきた。それゆえ、心理療法に携わる者には、広範囲にわたるカウンセリングを受けることが義務づけられている。かつては私も、この考え方が正しいと思っていたが、今では疑問を持っている。

心理療法という私の属する分野における多くの優れたリーダーたちは、個人的には恐ろしく気難しくて非常に扱いにくく、心理的に健全な状態でいるとはとうてい思えない人ばかりである。にもかかわらず、人の心を素早く、しかも深い理解力をもって気味が悪いほど見事に読み取る能力を発揮しているのだ。

こうした人々は、空恐ろしいほどの弱味を露呈しているのだと、今では考えるようになった。もちろん、その弱味とは同時に彼らの強味でもあるのだが。心理学の大家と言える多くの人々は、自分自身の情緒面での能力欠如ゆえに――「能力欠如にもかかわらず」ではなくて――常人とは思えない優れた能力を保持するに至ったのである。彼らは他人と一緒にいることがうまくできず、それがかえって、素早く、しかも緻密に他人の心を読むことを教えてくれたのである。それというのも、彼らにとってほかの人間は、いつも潜在的な脅威の対象として現われるからである。より健全な環境の中で育った人間は、ほかの人を恐れるなどということは露知らずに過ごしてきたので、他人の心を読み取ることなど不必要だったのである。

同じパラドックスに直面する二社のケース

重量挙げの選手は、人間技とは思えないほどの力を出すことができる。しかし、その体はあまりにも分厚い筋肉に包まれているので、体操選手のような敏捷さには欠ける。他方、体操選手のほうは、俊敏性はあっても、重量挙げ選手のような底力は持っていない。

重量挙げの選手と体操選手という二極化の喩えは、ともに高く評価された二つの会社が、それぞれパソコン市場に参入を試みた時に直面した困難さを特徴づける要素でもある。一方の極にあるIBMは、メインフレーム市場を制覇していたヘビー級のコンピュータ・メーカーであり、高度な専門能力を持つ社員をたくさん抱え、一五〇カ国以上で事業を展開していた。だが、パソコン市場では、それほど上手に事業を展開できたとは言えない。というのも、IBMほどの規模の企業を方向転換させるのは、ちょうど豪華客船の針路を変えるようなものだったからである。

他方、ケイプロ社は、同族経営の小さな会社であった。この会社は、デジタル電圧計を設計したエレクトロニクスの天才とも称すべき人物が率いるもので、この機器は大きな成功をおさめ、市場の半分以上を押さえていた。さてそこで、パソコン市場への進出となったわけだが、フットワークの軽い同社は、驚嘆すべき短期間で製品設計を成し遂げ、市場に出荷し、株式を公開した。なるほど敏捷ではあったが、ケイプロ社には、この分野での大手企業各社と互角に勝負するだけの規模も、経験も、幹部たちの深い専門知識もなかった。

今日、ＩＢＭもケイプロもともにパソコン市場で競争しているが、それぞれの会社の強味が同時に弱味でなかったとしたら、両者ははるかに巨大な市場シェアを握っていたはずである。

まとっている衣をチェックせよ

というわけで、組織はその長所だけに頼っていくと、重大な過ちを犯すことをよく自覚しておかなければならない。ある会社のように、人間関係には充分な配慮をして対応してはいるが、新市場の調査とか新技術の開発とかいった、ほかの大切な活動をおろそかにしている企業もある。また別の会社の場合は、市場を支配してはいるが、自己満足に陥っていて柔軟性に欠けている。さらにもう一つの会社の場合は、従業員を手厚く待遇することでは有名だが、より効果的に競争するために必要な人員削減や、組織の贅肉のそぎ落としができないでいる。強味と弱味、長所と短所は、実は同じ一つの衣をまとって現われてくるのである。

27 ◆ モラールは生産性と無関係である

一般にマネジャーたちは、「モラール（勤労意欲・士気）」こそ人々を動機づけて一生懸命働かせる主たる要素だと思い込んでいる。だが、必ずしもそうとは言えない。

現実の人間は、多くの異なった理由によって一生懸命働く。一つには、そうするように教育され、そうした労働倫理を教えられてきたことによる。また、人間の内側からの衝動によって働くこともあり、時としてそれが常態的な働きすぎ中毒にまでなってしまうこともある。富をいっそう増やしたいと思って働く場合もある。家庭からの圧力や不安に促される場合もある。職務拡大や昇進や新しい職責をチャレンジとして受け止める場合もある。自分の仕事が好きでたまらない人もいる。要するに、人間が一生懸命働くための重要な理由の中には、モラールなどとほとんど関わりがないものもたくさんあるのだ。

たいていのマネジャーは、「モラール」というと、幸せで満足している労働者の姿を思い浮かべる。しかし、この点においてこそモラールなるものは、生産性とは全く関係がないことを明らかにしておきたい。「モラール」という言葉の辞書の上での定義をいろいろ探しても、「幸せ」とか「満足」とかいう言葉は見当たらない。私の辞書に出ている「個人が自信をもち、堅い決意を抱き、意欲的で、しかもしばしば自己犠牲をも厭《いと》わない、勇気のある態度」ですら、一見不条理に見える定義だが、これまた同じく生産性とは関連づけられないのだ。

われわれは人間を懸命に働かせるものと、生産性の内容とを区別しなければいけない。ハードワークをするというのは、生産性のごく小さな一部分にしかすぎない。

生産性は最優先事項ではない

生産性は、アメリカにおいてすら、組織の主目標とはなっていない。生産性と、そのほかの数多くの価値や行動——たとえば現状維持や、自分の固定観念にしがみつくこと——との、どちらかを選択せよと迫られた場合に、生産性を選ぶ人はほとんどいない。このことからも、生産性がわれわれにとって最高のゴールとはならないことは明らかである。生産性だけに関心があるのならば、たとえば女性や若年層や老年層などにおける人材を上手に活用する方策をすでに見つけているはずである。

生産性の向上が望ましいというのは、自分たちの考えを変えてもコストがかからない時とか、それで生活がよりしやすくなるという時のみである。われわれは普通、組織の中の人々は、ほどほどに、やる気や、生産性や、創造性を持っていてくれればそれで充分だと考えている。

従業員の給与を、労働時間ではなく各人の生産性に対して支払う会社もあるが、そこでは、仕事が非常に早いために他の人間を遅く見せてしまう人々がいるために、深刻な対立が生み出される。こういった従業員は「割当て破り」と呼ばれ、彼らが努力することによって全体としての出来高給の賃率が低くなるので、他の労働者からいつも疎《うと》んじられ、攻撃される。従って、本当に生産性を最優先するならば、当然支払うべき代価として、人間の仕事に関して昔ながらに大事に抱え込んでいる考え方の一部をいくつか修正しなければならない。

心理学者のエイブラハム・マズローが「自己実現の研究」の対象として選んだ人々は、社会では大きな業績を達成した人材ばかりではあるが、それらの人々は必ずしも満足してはおらず、また気楽な人間ばかりではない。情け容赦がない人間だったり、退屈きわまりない人間だったり、堅苦しくていらいらしていてユーモアもないつまらない人間だったりする。しかし組織は、こうした人々にこそ、絶対的ともいえるほど依存しているのである。経営が直面する大きな課題は、このような人々がそれぞれの組織環境において何とか生き残り、事業を成功させるように仕向けさせることである。

マネジャー自身のモラールこそ上げよ

経営の本や記事には、マネジャーが時間を割いて、小さなプレゼントを従業員に贈ったり、パーティを開いたり、ささやかな誕生祝いをしたり、手紙を送ったり、その他、従業員の好意を勝ち取るためのもろもろの行ないをすることが望ましいと書いてある。こうしたジェスチャーや心遣いが、より生産性の高い労働力を生み出すだけでなくて、マネジャーにとっても、また従業員との関係においても、皆が望んでいる気配りのある風土を作り出す一助となるというわけである。

こうした行為が純粋な気持ちから生まれたもので、計算ずくでなければ、組織にとっては確かに望ましいことではある。

だがこれを、もっと計算高いマネジャーが、モラール向上戦略の一環として、従業員の好意を手に入れようとして行なうとしたらどうだろう。この種の行動の中に暗に潜んでいるのは、マネジャーとしては嫌いな従業員がいても、従業員側が自分に好意を持つような方法で行動しうるという考え方である。このような不純なアプローチは失敗しやすい。より有能なマネジャーは、こうした考え方を逆転させて、従業員に対して持つ自らの尊敬の念が育つようにと行動する。従業員がマネジャーに好意を持ってくれることよりも、自分が従業員に好意を持つことの方がより重要だというパラドックスを、充分承知しているからである。

われわれは皆、一定の事柄を「やむをえずこちらがやってやる」人、あるいは事柄を単に「義務上こちらに対してやってくれている」人よりも、事柄を「われわれの方でも親身になってやってあげられる」人をより好む傾向がある。さらに、われわれは他人々の踏み石となって利用されているのではないと感じる時の方が、より多くの好意を抱く。それだからこそ、すぐれたマネジャーはその両方を行なうことができる。つまり、従業員のために時間とエネルギーを物惜しみせず与えるが、しかしその行動がこちらに不当な犠牲を強いるようなことをする従業員とは素早く対決する。モラールに関して言えば、そこでの問題は、そもそも働く人々のモラールを引き上げることではなくて、「マネジャー自身の」モラールを高めることが肝心なのである。自分自身のモラールが高ければ、結局のところ、より創造的で、熱意のある労働力を生み出す可能性が高いのである。

28◆リーダーなどはいない。あるのはリーダーシップのみ

組織の効率性に対する最大の敵の一つは、われわれがリーダーに関して抱く固定観念的なイメージである。指揮をとる人物のイメージというと、側近のアシスタントたちを従えて聴衆の前に立って語っている姿であり、他人の話を聴いている姿ではない。あるいは、ピカピカにみがかれた大きな机の後ろにドカッと座って、大声で命令を発したり指揮をとっており、押しが強くて馬鹿げたことは一切許さず、まるでブルドッグのように勇敢で粘り強い人物のイメージなのである。

こうしたリーダー像は、現実に合致しないだけでなくて、結局は機能不全に陥るような役割をわれわれに押しつけるので、実に面倒なものである。ヴィンス・ロンバージー、ロス・ペロー、リー・アイアコッカなどを連想させるような力強くて逞しい男っぽいリ

ーダー像は、リーダーの本当の力は実はグループの力を引き出すことにあるという事実を忘れさせてしまう。

このパラドックスを別な言い方で表現するならば、リーダーシップは個人の持ち物だというよりも、グループの持ち物なのだ。リーダーシップは集団の成員の間に分散されており、各成員が、仕事の達人、道化役、母親的役割など、それぞれ重要な役割を代わるがわるに果たすのである。

もしマネジャーというただ一人の人間に全てのリーダーシップ機能を発揮させようとすると、そのマネジャーは、どうしても達成しえないような期待感を背負わされることになる。そのうえ、そうした考え方は、グループの持つパワーを奪い去り、マネジャーに過剰に依存する道を開いてしまう。また、このような依存状況に置かれたリーダーは、コントロールと責任領域の泥沼に陥り、重箱の隅を楊枝でつつくような行動ばかりをしたり、時間を下手な形でしか使えなくなってしまう。結局、期待されるリーダーシップがリーダー個人の能力をはるかに越えてしまうので、グループの生産性は現実には減少してしまう。

真のリーダーはグループが定める

ある状況においてはリーダーである人も、通常、他の状況ではフォロワー（ついていく人）である。たとえば仕事ではマネジャーの職務にあっても、ＰＴＡの会合では単に熱心な親の一人であったり、お付合いの場では傍観者であるという具合に。リーダーシップは、状況的なものであって、個人的資質というよりは、一つの状況に対応する特有なものといえよう。

真のリーダーとは、その仕えるグループによって決まるものであり、その職務はグループと相互依存関係にあることを理解している。ある企業から別の企業へ移り、転職先の業界事情には必ずしも通じていないにもかかわらず成功しているリーダーも多い。こうしたことができるのは、組織の中にいる人々の知識や技能や創造性を触発させるのがリーダーの課題だと、自らの役割を明確に打ち出しているからである。自分自身のリーダーとしてのアイデンティティが少しも揺らぐことなく、新しい情報による影響も安心して受け入れ、またグループ内の他の人々のアイディアを受け入れるだけの気持ちの余裕があるのである。とりわけ、こうしたリーダーは、討論に積極的に参加してくれるグループ・メンバーが持つ知的能力と意欲を導き出すことに長《た》けている。

うまく機能しているグループ内でのリーダーの行動は、他の責任あるメンバーの行動と、さほど異なったものではない。事実、もしも肩書や、フロアの角にある個室や、大きな机などがなければ、リーダーが誰かを見抜くのは難しい。

リーダーは支配者ではない

最高のリーダーは、その率いる人々に奉仕する人である。かつて人間が集団の中でどのようにして権力を得るかを理解するための研究を行なったことがある。そこで発見したのは、力を最も上手に得た人は、そのグループを支配するのではなくて、むしろグループに奉仕する人であった。黒板のところへ行って、グループのために秘書的業務と思われるようなことを遂行し、しゃべらない人の発言を促し、全ての人の声に注意深く耳を傾け、自分の見解は明晰にしかも過不足なく語るが、たいていの場合は他の人が意見を述べるように仕向ける。議論が問題点から逸れないように、焦点を絞る手助けをする。これこそ「グループに奉仕」しようとする行為なのである。

最高のリーダーは、ごく自然に謙虚さを身につけている。自分で功を誇ることはなく、ともに働いたグループの功績に帰する。また、従業員の生き方やあり方をより楽にしようとする特性を持っている。絶えず状況を整備し、職務を巧みにしつらえ、処理し、仕事の処理過程をスムーズにし、障壁をとり除く。また誰が何を必要としているかを考える。リーダーの仕事は、個々の従業員の中や、ともに働いているグループの中に存在している創造的な潜在力を解き放つ方法を見つけることだと認識している。

マネジャーの仕事のかなり大きな部分が、奉仕する人であり、相談に乗る人であり、秘密なども打ち明けられる親しい友人的存在であるにもかかわらず、もっと多くの女性がその地位に就いていないのは驚くべきことである。なぜなら、本来こうした機能は昔から、女性の役割だとされることが多かったからだ。「リーダーとは奉仕者ではなく、支配者である」という不幸なイメージさえなかったならば、多分もっと多くの女性がトップの地位に就いていたことだろう。

肩書のないリーダー

リーダーシップというのは、肩書の面ではリーダーではない人々が、それぞれの担当部分を果たす共有化された役割であることを、われわれは忘れがちである。王様には耳元でささやいていてくれる大臣が何人かいる。大統領には補佐官がついている。CEOには経営コンサルタントがいる。マネジャーにもアシスタントがいて、その行動を形作るのを手伝ってはくれるが、リーダーとしてのリスクを冒すことなく、功績を自分のものとはしない。

実際、リーダー自身は部下からのボトムアップによってしばしば逆にリードされたり、管理されたりする。また、その考えや助力や議論、時としてはその猛反対によって、同僚からも影響力を受けたり、リードされることがある。押しも押されぬ経営者付きのエグゼクティブ・セクレタリーが仕事をしているのを観ると、一体どちらが管理しているのか見まごうほどである。

優れた従業員には二種類あると私は考える。一つは、どのような仕事を課せられてもそれを受け入れてテキパキと喜んでこなす準備ができているタイプの、積極型アシスタントである。もう一つの型は、さらに一歩踏み込んで、どんなニーズがあるかを予期し、問題ではなくて解決策を、苦情ではなくてアイディアを出す予応・予期型のアシスタントである。この予応型の役割を要求されることは少ないが、これもまた、リーダーとは呼ばれていない人々が実際上は果たしている重要な指導性なのである。

リーダーシップこそ最強の力

リーダーの行為の大半は、ほとんどのサーファーが波をつかむよりも逃してしまうのが多いのと同じように、うまくいってはいない。さらに厄介なのは、リーダーシップの種類やスタイルは実に多くの異なったものがあるので、それだけリーダーに求められる行動は複雑なものとなるうえ、これが見習うべき唯一確実なモデルだというものがないことである。

にもかかわらず、リーダーシップなるものは、この地球上で最もパワフルな力を持っている。貪欲、縄張り根性、罪悪、恐怖、憎悪、愛情、精神性などという他のさまざまな力も、それらを動員するリーダーシップがなければ、相対的には弱いものばかりである。従って、リーダーシップに対しては、これまで以上にもっと大きな関心を寄せなければならない。それがわれわれの組織を伸ばし、われわれの文明を進歩させるように行使されることを願うならば、なおさらのこと、そうである。

29 ◆ 経験豊かなマネジャーほど、単純な直観を信じる

成功している多くのトップ経営者の意見が一致している点は、自分たちと、それほど成功していない競争相手とを隔てる唯一の特質は、自らの直観に対する自信の強さだということである。アメリカの企業は「ゴールデン・ガッツ（黄金の直観力）」の持ち主として評判の高い経営者を高給をもって迎えるが、人間や出来事に対する彼らの瞬間的な反応はきわめて正確で、そこから生まれる判断もきわめて価値が高いからである。

こうした経営者たちは多くの学習体験を蓄積しており、それが感覚的に作動し、もろもろの状況を素早く読み取らせるのだというのが、大方の分析者の意見である。しかし、リーダーが判断力を行使する過程はリーダー自身にもよく分かっていない。そこで、こうした力は直観に基づくものと考えられている。一応、このように合理的な説明らしき

ものが為されはするが、自分自身の瞬間的な反応を信頼する能力については、もっと言うべきことが残っている。

かつて私は、ある有名な芸術大学の環境設計学部の学部長に任命されたことがある。心理学者にとって、これは異例の任命であった。ご推察できるように、応募学生の書類を検討する選考会議に出席していても、こちらはズブの素人であり、あまりにも荷が重かった。「フォルム」とか「構図」などについて、雀の涙ほどの全知識を投入して最善を尽くしてはみたものの、この分では目の前の書類を処理するだけで一生かかりそうだとすら思えた。他の学部長や教授たちが迅速に判断を下していくのを見て、いつも驚くばかりであった。彼らには、どの応募学生が優秀かが、瞬時にして分かるようであった。だが、時が経つにつれ、驚くべき自己発見をするに立ち到った。私もまた、学生から提出された作品が優れているか否かが、瞬時にして判断できるようになっていたのである。それまでは自分の判断力に自信がなかったので、作品を評価するにあたっては、教科書通りの分析方法をとらなければならないという気持ちになっていたのだ。自分自身の直観に信を置くことが恐かったのである。

同じ現象が心理療法においても適用できることを、私はもっと早く気づくべきだった。最も経験豊富なセラピストは、自分の直観的な反応を信じ、それを複雑な分析的思考よりも優先させてきたのだ。

なぜ大人は、直観的判断ができないのか

われわれは、子供が何ものにも束縛されずに瞬間的に判断するのを、うらやましく思う。子供の反応のような直観力を回復したいと強く願う。実際には、子供の直観的判断が、われわれ大人よりも優れているというわけではない。にもかかわらず、子供は知的なプロセスの足枷《あしかせ》をはめられずに、澄んだ眼をもって人や事柄に対して自由に反応するものだとわれわれは信ずるからである。

われわれは同じような力が動物にも備わっていると考える。たとえば愛犬が見知らぬ人を避けたりなついたりするのを見て、悪人を見分けているのだと思ったりする。この点は一見馬鹿げているようだが、それなりの説得力がある。古典的なテレビ・ドラマの「ラッシー」では、奥さんはいつもご主人よりも賢く見え、子供のほうが母親より賢く見えるが、動物は子供たちよりももっと賢く描かれている。人間は年老いて経験を積むにつれ、こうした原始的ともいえる知恵に触れて活かすことが少なくなっていく。それというのも、大人は子供にはまだ起きていないたくさんのことを体験してきたので、直観的な判断が損なわれたからであろう。

あるいは単に、われわれは正しく見ることを学んでこなかったからかもしれない。人類学者のマーガレット・ミードがかつて私に語ってくれたように、大人が見つけ方や気づき方を習ってこなかった出来事が子供には見えるのかもしれない。この言葉の意味は、経験は必ずしも最善の教師ではないということである。時として経験は、われわれの眼を塞いでしまう。われわれは、事態を見えなくして判断ミスを冒させるような事柄を数多く学んでしまうのだ。

優れた判断を妨げるもの

どのようにして、われわれは本当のことが見えなくなってしまったのか？　どんなことが起こると、優れた判断が妨げられるのか？　以下はその答と思われるものである。

●学校でも家庭でも、権威や他人の意見に頼るようにと教えられる
自分たちの感情はむしろ敵であり、トラブルに巻き込むものなので信頼してはいけないと教えられる。

●大人ほど、しばしば表面的なイメージの犠牲となる

われわれは履歴とか衣装とか外観などで人間に対する印象を決めてしまうことを学びとるので、そうした人々が現実に持っているよりも多くの力や特性があるものだと考えがちである。古代ギリシャ人は、外側が美しければ、きっと内側も同じように美しく、徳と美はともに手を携えているものと信じていた。グロリア・スタイネムが指摘しているように、現代ではこの考え方は逆転しており、美しい女性はあまり頭が良くないと考えられる。もちろん、どちらの考え方も、われわれの眼を真実から逸らしてしまう固定観念である。

●自分たちの信念体系を守るために、それに都合の良いようなことだけを選び取って見るという「選別的知覚」活動を行なう

とにかく適合しないものは無視し、フィットするものだけを受け入れる。求めているものだけを見つけ出す傾向があるのだ。科学者は通常、自分が仮説を立てたものを見出し、政治家は自分の信念と同じ考えの人々の関心事のみをより明瞭に聞き分け、宗教関係のグループのメンバーは、現実よりも自分たちの見解がより広く受け入れられていると思い込み、UFOや天使が実存すると信じる人々は、それを目にすることが多いという具合にである。自分の信念や信仰を裏付ける証拠は、空恐ろしいほど簡単に見つかる

のだ。

●以前うまくいったことに影響される

前にやったことが現在の状況には適用できないのに、いつでも、これまでうまくいったことを繰り返したがる。

●最初の反応を疑ってかかるように教えられてきた

第一印象に対して自信がないのは、そのやり方で行なった判断が誤っていた場合を、繰り返し思い出させられるからである。しかし実際には、人間は初対面の相手と出会った最初の数秒間で、相手についてかなりのことを知り得ているので、こういった第一印象なるものは通常は正しいのである。よく引用される心理学の実験に次のようなものがある。人々に何人かの顔写真を見せて、手元にあるリストから職業を当てさせる実験である。その結果、銀行強盗が銀行の頭取とされることが他の場合よりも多かったので、この実験はいかに第一印象が当てにならないかの証拠として使われる。しかし、その実験での全ての回答を子細に調べると、間違いよりも正解が多かったのである。ほかの人々を評価する人間の能力は驚くほど高い。われわれは、間違ったために気まずい思いをした回数はよく覚えているが、正解を出した場合の数については記憶すらしていないのである。

●不安だったり、リスクを冒すのが恐い時ほど、われわれは直観を信頼しなくなる。こうした時には、なるべく合理的で、後から自己弁護や正当化ができるような判断をしなければならないという気持ちになる

これは、子供からの質問に対して、親が理由を説明せずに「とにかく、そうだからなのよ」とだけ答えたり、「なぜ、いけないの」と子供から質問されて「どうしてもよ」とだけ答えることの裏返しである。一見、この「どうしても」には、さしたる深い意味もないようだが、実は大きな意味が潜んでいる。「ここでの長い間蓄積された経験からすると、その点については確かにそうだと確信しているのだが、どうも残念ながら合理的な言葉では説明ができない」とか、「まだあなたには理解できない」とか、「頭の先から爪先まで心底そう感じているのだが、今のこの感じ方の強さを充分まともに言葉では説明できないし、時間も今はない」という趣旨のことを告げているのだ。残念なことに、経営者の場合は、「どうしても」の一語で万事を片づけるわけにはいかないが。

●子供の目でものを見る

子供は、両足のない人に対しても遠慮会釈なく指をさすが、大人になると見て見ぬふりをする人も多くなる。しかし、優れた経営者は、この子供のような資質を持っていて、ほかの人が避ける領域にも臆せずずかずかと入り込んでいく。時には実際に起きていることを指さすだけでも、障害物を突破するための貴重な方法となり得る。

●他人の判断に頼りすぎることがある

われわれは、心理学者のアーヴィング・ジャニスが「グループシンク（集団順応・同調思考）」と呼んだ、グループとともに進みたいという欲求を示すことがある。歴史上、これによって大きな失敗を招くことがあり、ウォーターゲート事件は、その最も新しい事例の一つである。多くの心理学上の実験は、知覚が集団行動によって形成されることを如実に示している。集団としてのコンセンサス作りに対して圧力が加えられると、実際に事柄を違った見方で見るようになる。

リトマス試験紙としてのリーダーシップ

以上のような理由で、経営者の仕事の大半は、「アンラーニング（既知の知識を捨てる）プロセス」であって、正しい知覚や判断や知恵への障害物を取り除くことにある。リーダーも、直観やひらめきによる反応への信頼感を取り戻す必要がある。それをするには、自分自身を感度の良い道具と見なし、通常は見過ごされるが、本来はもっと注意を払うべき状況に対しても直観的に反応するよう心がけることが肝心である。一定の化学反応を得るために、リトマス試験紙を溶液の中に浸すのと似ていなくはない。

むろん的確な意思決定をするために必要な合理的要因から目を逸らすことがあってはならない。直観やひらめきによる反応には注意を払いつつも、こうした反応と矛盾するような、客観的な情報にも注意を怠ってはならない。従って、どの程度まで直観的反応に価値を置いて判断するかには、いささかジレンマが伴う。

だが、前述したようなさまざまの障害物について考慮するならば、大半のマネジャーが自分の直観が告げているものを無視する方向に進んだために失敗したということも、理解できるところだ。

30◆リーダーの訓練はできないが、教育はできる

多くの人々は、リーダーシップというものが習得できる一つの専門能力《エキスパティーズ》だと考えたが るが、専門家《エキスパート》としてのリーダーなど、現実には存在していない。なるほど優れたリーダ ーはいるし、さらにもっとその上に、偉大なリーダーも存在はするが、決して彼らは専 門家ではない。その証拠に、これらの人々といえども、どうして自分が優秀なリーダー になったのかとか、自分をここまで有能な存在にしたものは何であるかを知らないので ある。トップ・リーダーに対して、あなたのリーダーシップを構成しているものは何か と尋ねても、陳腐きわまる答しか返ってこない。その指導力を構成している個々の要素 について納得させてくれるようなものはほとんどない。

しかし、リーダーシップが専門能力に関わる事項ではなく、われわれが最も関心を払

うこれらの人々が人間関係の面で専門家でないということは、むしろかえって良いことなのかもしれない。結局のところ、われわれは「友人専門家」などはほしくもないのだ。また、「友情技術」なども存在しない。同じように「夫専門家」「妻専門家」「恋人専門家」「親専門家」などは持ちたくもない。

もしリーダーシップが専門能力に関わることではなく、また人間関係のマネジメントも技能や技法に関わることでないとすれば、それらは訓練《トレーニング》では改善しえないことになる。それでは何がリーダーシップを改善し、磨かせるのか。その答は、教育《エデュケイション》である。

訓練と教育の違い

両者の違いは何なのか。訓練と教育というこの二つの言葉は、いずれも同じような意味で用いられるのではないか。確かにそうだが、人間関係における訓練と教育の間には重要な相違がある。この違いから、大きく異なった結果がもたらされるのだ。

●訓練（トレーニング）

訓練は、技能と技法の開発につながるものである。新しい技法は、新しい技能の必要性や、新しく仕事をくり直して明確にすることや、さらに新しい職責上の負荷を加えることによって、マネジャーの職務を暗黙のうちに再編成する。すなわち、新しい技法は、マネジャーが自らの責任だと感じるコントロール領域を増大させる。たとえば、麻薬の使用によって悩んでいる従業員を取り扱う技法をマネジャーに教えたとすると、そのマネジャーはこの従業員の福祉に対して新しい責任を課せられたと必ずや感じるので、こうした訓練がマネジャーの職務内容に対して今までになかった要素をつけ加えたことになる。しかし、人間関係においては技法などはうまくいかないものなので、結果的にマネジャーは、新しい職務だと感じていることを適切に遂行できずに終わることが多い。ここにトラブルが発生する。実際は、ほぼ手の施しようがない状況を処理する責任を感じてしまうと、感情面での危険な形での結びつきが発生する。すなわち、責任感に無力感が加わって、それが権限濫用や虐待となって表われるのだ。

役割や責任面でのこうした負担過剰は、何も経営だけではなくて、教育や医療の場や子供のいる家庭においても見られ、結果として虐待やいじめが生まれてくる。教師が学生を学ばせることができず、医者が患者を診ることができず、親が子供をコントロールできない時には、通常、慈愛の気持ちはなくなり、虐待する気持ちが出てくる。同じことがマネジャーについても言える。どんどん増えていく経営管理技法の集積によって作られた責務の重さに打ちひしがれたマネジャーは、欲求不満と無力感の塊となってしまい、到底コントロールなどは不可能な状況を統制しようと無理をして、対決したり、言いがかりをつけたり、侮辱したりするという手段に訴え、また前にも増して要求が厳しくなり、相手を追い込むような手だてをとる。

●教育（エデュケイション）

教育は、訓練とは違って人間を技法のほうへではなくて、情報や知識のほうへと導く。それが正しい人間に対して行なわれれば、その人は正しい理解を身につけ、やがては叡知へと導かれる。この叡知は謙譲の心や慈悲心や尊敬の念に連なり、そしてこれらの資質こそ、効果的なリーダーシップの基本を成すものなのである。

訓練は、皆が同じスキルを学ぶので、人間を似通ったものにさせる。一方、教育は、各人の体験を、偉大なる思想との遭遇という光に当てて吟味させることをその一部としているので、人々をそれぞれ異なったものにする傾向が強い。従って、教育の第一の利点は、マネジャーが自立した独自の純粋な存在になれるということである。

正しい教育によって、マネジャーはより良き自己理解ができ、自らの対人関係のスタイルや他の人々に対する反応の仕方や、影響力や偏見や盲点や強味や弱味が学びとれるようになる。自分自身と自分の感情をより良く理解できるようになったマネジャーは、自らの知覚や反応や衝動や本能をより一層信頼できるようになる。真の優れたリーダーについて一つだけ言えることは、彼らが自らの本能的な直観力を信じることである。

ビジョンへの道を拓く

教育によって、意思決定を行なうべき前後の事情がよく分かり、人間に関わる事項を見つめる展望がより開け、何が重要かについての考え方もより優れたものになる。これがトップ経営者にとっては重要な、もう一つのリーダーシップの特性であるビジョンへの道を拓く。

教育はさらに、指導者がリーダーシップの美学を深奥から理解する一助ともなる。そうなるとマネジャーは、自らの行動の効果についてだけではなくて、その努力が優雅に表われることに喜びを覚える。ちょうどパーティにおける優れたホスト役のように、全てが確実に運ぶようにと心遣いをし、パーティでの体験が参加者にとって心地よいものであるようにと細かいことにも充分目を配り、人間関係の見えざる部分にも気配りし、パーティに溶け込めない人もうまく仲間に入れるよう配慮し、ぎくしゃくしそうな関係にはその緩衝地帯となり、全ての人がそれぞれの最高の表われ方をするように心がけるのである。

最後に、しかし一番重要なこととして教育について言えることは、それがマネジャーに対して新しい考え方や物の見方を与えるということである。そして出来事の相互関連性が分かり、因襲的な知恵を越えること、すなわち一言で言うなら、戦略的発想を教えるということである。こうしたプロセスは、マネジャーが人間にまつわる事柄において、パラドックスと不条理性が果たしている重要な役割を充分評価できるようになれば、いつもたやすいものになる。

31 ◆ マネジメントにおけるプロになるには、アマチュアであれ

アメリカの偉大な建築家フランク・ロイド・ライトの下で学んだデザイナーの故ジョージ・ネルソンは、かつてライトにまつわる一つのエピソードを話してくれたが、その話はいつも私の心から離れなかった。ジョージとライトが二人で散歩をしていた時に、ライトは建築することはそもそも何かについての考えを述べようとしていた。あるところへ来ると、ふと道ばたの花を指してこう言った。「ジョージ、建築はこの花のようなものだね」そこで立ち止まり、「いや、そうじゃない」と言い直してから少し先まで歩き、踵を返してジョージの方を振り向き、こう言った。「建築とは、愛情のようなものじゃないだろうか」

ジョージがこの話を私にしてくれたのは、もう二〇年以上も前のことであったが、話

し終わると彼はこう言った。「ディック、ライトの言った意味を理解するのに、きみがぼくほど長くかからないことを願うね」残念ながら私の場合も長くかかったが、ようやくにしてその意味が少しずつ分かりかけてきた。ライトの言葉は、建築においてだけでなく、人間として追求するに値する全ての営みにおいて意味を持つ。それを説明しよう。

アマチュアには愛情が

アマチュアリズムこそ、マネジャーという職務に多くの喜びと意義を与えるものである。職務が困難であり、ストレスがきつく、また欲求挫折に陥ることがあっても、その仕事がこよなく好きになるのは、アマチュアリズムのなせる技である。最上のリーダーである人々は、組織という場を、自らの情熱がそのまま組織の力となるように仕立てる。「アマチュア」という言葉は、ラテン語の「アマトール」に由来しているが、その意味は「愛する人」である。アマチュアが事を成すのは、その愛情からである。愛するなどという言葉は、経営能力開発をめぐる会話の中には、それほど口の端にのぼらないが、リーダーシップとは、そもそも思いやりや気遣いがその全てである以上、愛情はすぐれたリーダーシップにとって根源的なものである。

それだけではない。事実、思いやりはコミュニティの基礎でもあり、そしてリーダーがなすべき最初の仕事とは、深い共感と連帯感に基づくコミュニティ作りなのである。組織を構築するにあたって、コミュニティは最も強力でありながら、しかし最も脆弱なコンセプトの一つである。コミュニティは作るのは困難だが、破壊するのはきわめて簡単なものである。われわれは毎日、身の回りで絶えずコミュニティが崩壊し侵食されているのを目の当たりにしている。このことこそ、われわれが直面している最も深刻な問題であり、しかもそれは単に地方においてではなく、国全体として、さらに地球全体としての重要な問題なのではなかろうか。

最大のジレンマは、コミュニティの崩壊が、必ずといっていいほど、いつも進歩の名の下に起きていることである。これが最も明瞭な形で観察できるのは、非人間的な巨大ショッピングセンターの成長においてであるが、このことは巨大企業の成長の中にも感知しうる。社会科学者が、どのようにしても対処しえないでいる人間の発展という営みをめぐる一つの側面は、規模の問題である。人間の組織は、ひとたび大規模になると、小さかった時のように効率良く動かすことは難しくなる。

これこそ、昨今のようにもっと起業家的組織を作ろうという動きの背景にあるものなのである。将来の組織は、小さな単位に再び回帰するようになるだろうと感じている人もいるが、その理由の一つは、より小さな単位の中においてのみ、人間が単に機能的に結びついて動くだけでなくて、好意や愛情をお互いに持ちながら動く絆《きずな》が存在し、そしてこのお互いの好意こそコミュニティの基盤だからである。だからこそ、二〇人しか収監していない刑務所の方が、犯罪者をより更生させやすいのだ。

リーダーシップとは愛すること

リーダーシップの定義づけに関しては、これまでの伝統的な功利主義的価値観から脱却して、美学の領域にまで手を伸ばすような方法が必要だと言えよう。良きマネジメントを評価するにあたっても、その優雅さと美しさに拠る必要があろう。

マネジメントとリーダーシップは高度の芸術である。それがうまくいっている時には、われわれの人生の中において、シンフォニーや沈みゆく夕日のような素晴らしく美的な瞬間に充分なぞらえることができるものである。真のリーダーシップが展開される偉大な瞬間は、ほんの一瞬赤々と燃え上がるだけではあるが、心からの深い充足感が得られ、美的感覚に満ちた、純粋な感情を満喫できる。こうした瞬間は長続きはしないが、ほかの美的体験が心を豊かにするのと同じように、リーダーの心を豊かなものにする。

従って優れたリーダーは、同時にプロでもありアマチュアでもなければいけない。プロフェッショナルとしては、健全な知識と良心に基盤を置き、技術的・倫理的にも高度に熟練した水準を満たしていなければいけない。そして同時にアマチュアとして、愛情をもって仕事を遂行し、コミュニティを創造し、人々を結びつける慈愛という靭帯の中での美的感覚に満ちた喜びを味わうことを忘れてはならない。

フランク・ロイド・ライトが、建築することは愛することのようだといった言葉を、ここで、われわれなりの目的のために言い換えてみると、リーダーシップは愛することに酷似しており、その意義を理解するのに、私が費やしたほどみなさんは長くはかからずに必ずや真意を読み取れるものと信ずる。

第八部

未来から逃げない

32◆見込みのなさそうな大義のみが戦うに価する

一九三〇年代に映画監督のフランク・キャプラが作った名作映画「スミス氏都へ行く」の中で、映画スターのジェームズ・スチュワートが上院議員に選出されたばかりの青年に扮している。ワシントンに発つ前に父親から励まされるのだが、その忠告というのは、「見込みがないと思われる大義や大目的こそ、戦い甲斐のある唯一のものだ」という、逆説的なアドバイスである。この矛盾した科白は、長い間、私の心から離れなかったが、ようやく今にしてその深意が分かりかけてきたように思える。

「ロスト・コーズ（見込みのなさそうな大義や大目的）」こそ最も戦うに価するというのは、それがわれわれにとって一番重要なものであり、最も人道にかなったものだからである。そうした大義は、われわれをして心の中の至高なるものに恥じぬ行動をし、自分自身とその世界を完全なものにするよう要求する。こうした大義は勝ち取ることはできないが、きわめて重要なものなので、見込みがないにもかかわらず、それに向かって努力しなければならないのである。

組織のコンサルティングをしていた時、私は何度か、グループに対してそれぞれの仕事における「見込みのない大義」、すなわち到達できないことがほぼ確かなゴールを書き出してみるようにと頼んだことがある。毎回びっくりしたのは、この課題の回答を導き出すのがとても容易であり、しかも皆、その過程を大いに楽しんだということである。どうやっても制御できない問題とか、頑固きわまりない同僚とか、絶対に到達不能な業務目標は、人々をかなり欲求不満にさせたはずなのに、グループのメンバーはそれを思い出しても意気消沈したりせず、むしろ気分が楽になったようでもあり、時には浮き浮きしているようにさえ思えた。それまで自分たちの時間を大いに喰いつぶしてきた努力の数々がそもそも見込みのなかったことを初めて知り、皆で大笑いすることすらあった。

しかし、もっと驚いたのは、こうした「失われた大目的」を発見したからといって、それが必ずしもその大義を放棄してしまうことにはならない点である。捨て去る代わりに、グループのメンバーは、自分たちの期待していることは実現しないという現実的な評価をともに認め合いながらも、それについて、とにかくも働きかけることに着手したのである。もちろん、彼らがこのようにしたのは、たとえ不可能なように見えても、自分たちにとって最も有意義な課題だったからである。

私も次第に（適用するのを忘れていない時には）コンサルタントとしての仕事をする際、最初から到達の見込みがなさそうな目標を基本指針に据えるようになった。自分なら人間を変化させられるという傲慢さを抱いている時は、何をやっても状況は進展しない。しかし、そんなことは無理だろうと基本的に認識している時には、もっと謙虚な姿勢で前進できる可能性があるので、逆説的ではあるが、状況が変わりうるチャンスが生じるのである。ここでのパラドックスは、とても見込みのない大目的であることを認識して、とにかくそれに向かって働きかけることが肝心だ、ということである。

不条理の谷間を降りてゆく

ある有名大学の農業研究所の科学者が、どのようにして自分が不条理性を理解できるようになったかを語ってくれたことがある。その研究所は、産業界や政府当局にアイディアを売り込むことを仕事にしており、彼の職務は、そうしたアイディアがうまくいくかどうかを見極めることであった。海水の中で植物を育てるとか、砂漠を緑化するなど、どう見ても不合理だと思われるものが多かったのも驚くにはあたらない。しかし彼は、最初からあきらめずに、それぞれのアイディアがあたかも可能であるがごとく仕事を進めていった。どんなに不合理に思えるアイディアでも、とにかく実行してみたのである。

彼の言葉を借りるならば、それはあたかも深い谷間（彼はこれを「不条理の谷」と呼んでいる）に向かって、たしかに谷底に到達したという安堵感を得られるまで降りていくようなものだった。いったん谷底にたどり着けば、楽々と上手に動きまわれる。そして時が来ればそこを離れ、再び谷をよじ登っていつもの生活に戻る。すると、降りる前には不合理だと見なしたことに対しても取り組む用意ができているというのだ。

この喩えの中には、不条理に対処する際のエッセンスが凝縮されているように思える。それをやや大げさに言うならば、彼は、①全く不合理だらけの環境の持つ恐ろしいほどの力が自分を押し流すのを許し、②その内容が充分には把握できないにしても、その不条理さを我が身に抱きとめ、③我が身を圧倒するほどの複雑さの前にはひれ伏し、ことを始める前にすでに諦め、④しかしその後で、自らの内に潜む意志や、自己規律や、知識や、経験や、創造性や、さらには遊び心まで含めた豊饒な宝庫内の貯えを総動員して、自ら再び立ち上がり、心の片隅で最初に認識した根本的な不条理性を決して無視することはなく、再出発していくのである。

掃き目を残すことの意義は？

あらゆるところに不条理が存在し、見込みのなさそうな大目的こそ最も重要な目標だとするならば、われわれはなぜ、このような不条理なゲームをし続けるのか。それは、われわれの人生における唯一のゲームだからである。むろん不条理であり、ゲームはあくまでもゲームでしかない。しかし、そのゲームは充分行なうに値するし、またうまくプレーするだけの値打ちが充分にあるものなのだ。

かつて私は、公園を管理する大規模な政府機関のコンサルティングをしていたことがある。ある時、キャンプ地の清掃の仕事をしていた人々が、ピクニック・テーブルの下のごみを取る（この仕事は喜んでするが）だけでなく、さらにレーキ（熊手）で掃くように求められたことを不満として訴えてきた。

彼らの言いたいことがよく呑みこめなかったので、私はこう尋ねた。「担当地域を全てきれいにした後で、あなたがたの上司は、さらにテーブルの下にレーキの掃き目を残せと言っているのですか？」

「そう、その通り。掃き目を残してほしいというわけでさあ」

確かに不合理な要求だと同意しそうになったが、ふと思い直して、こう考えてみた。「一番良い仕事をする人は、きっと掃き目を残しておく人なのであろう」と。次第にいくつかの疑問が浮かんできた。掃き目を残すのに比べて大事ではないこととは何なのか？　その反対に、掃き目を残すことよりも大事なこととはいったい何なのだろうか？　掃き目を残すということは、それ以来私にとって大事な一つの喩えとなってきた。それは、「必要だ」とされることを越えてさらに「望ましい」というところまで進み、「要求されている」ことを超えて「優雅である」ことまで行き、「純粋に機能的」なところを越えて「美的」なところにまで高めるのが大切なことを教えてくれている。マネジメントも到達不能で不条理な大目的かもしれないが、私は、そのゲームを最上の人々とともに最高の形でプレーしたいと思う。きわめて重要ないくつかの側面において何が「正しい」かを確かめる道など存在しないことは充分承知しているが、それでも私は、そのゲームをなるべく正しくやりたいと願っている。

おそらく全てのリーダーやマネジャーにとっても、見込みのない大義のために戦うと同時に、いわば掃き目を残すというような「重要でない」仕事をし続けることが大切だと言えるだろう。きっと、われわれ全員が、公園の清掃員たちから学ぶところがある。掃き目を残すことによって、ピクニックに来る人々に直接の影響を与えることはできないだろうが、彼らは一見この重要でない仕事をきちんとこなすことによって、間接的な方法で、ピクニックにやってくる人々がより幸せになることのいわば手伝いをしているのだ。そして同時に、彼らは自分自身をより向上させているのかもしれないのだ。

33◆私のアドバイスは、私のアドバイスなど受け入れないほうがいいということである

「アドバイスほど安いものはない」と昔からの諺は言う。その意味は、助言なんてほとんど価値がないうえに、与えるに際して何のコストもかからないということである。アドバイスとは、誰かが問題に直面している際に、人が行なうもっとも単純で素早い反応である。それは、実際に問題に対処することなく、状況に対応するだけのことだ。理解することよりも、耳を傾けることよりも、ましてや分析することなどよりも、ずっと容易な行動なのである。

このことを直観的に知っているので、われわれは日々与えられるアドバイスを実行することはまずない。ある老農夫が農業関係の若い政府職員に言ったように、「ねえ、お若いの、今のわしよりも二倍も優れた百姓になるやり方なんてのは、先刻この頭の中で

は承知しとるんだよ」という具合なのだ。

本書では、リーダーシップをめぐるパラドックスを探求するにあたって、わざとアドバイスなどはせずに、むしろマネジャーが日々直面する問題点への理解を深めることを意図してきた。著者としては、本書の中で示した幾つかの教訓めいたものがアドバイスとして受け取られるのは本意ではない。そのような効き目のある助言などではないからだ。

自省することがカギ

まず第一に、本書の中の教訓じみたフレーズを額面通りに受けとめるとなると、みなさんは、これまでの人生で教えられてきたことや、周囲が期待することや、さらに、人間として当然の衝動までもを完全に裏切らなければならなくなる。たとえば私は「人を褒めたからといって動機づけすることにはならない」と書いたが、それを「人々を褒めるな」というアドバイスだと受け取ってしまう人もあるだろう。これは私が言わんとしたところではないし、しかもそのうえ、そんなことは到底不可能である。試してみれば分かることだが、人を褒めたいという衝動に対して、たった一時間といえども抵抗することはできないはずである。仮に、なるべく人を称賛しないことが本当に望ましくとも、われわれの身体の中に、あまりにも根深くそうした行動が染みついているので、それを変えることは困難をきわめる。

第二に言えることは、私の示す逆説的な教訓は、その逆もまた真であるという性格を持っているがために、いったい、表と裏のどちらを実行したらよいのかを知るのが難しいということである。コミュニケーションは少なくしないと、テクノロジーによるしっぺ返しを受けると言ってはいるが、コミュニケーションを一切すべきではないとか、テクノロジーを一切使うなと言っているのではない。こうした教訓の表と裏の両側を同時によく考慮して、われわれが潜在的に取りうる行動がもたらす結末についての充分な理解に到達せよという意味なのである。「目に見えぬものにも目を配り続けるべきだ」とか「経営技術でうまく行くものがあったら、それをやめよ」とか、あるいは「人間にとって最もよいことは破局を経験することだ」などと述べた背景には、いささか不可能ともいうべき状況を設けることによって、読者のみなさんの思索を刺激し、思考に挑戦しようという意図があるのだ。

場合によっては、私の言葉には利己的だったり、時には不道徳的だとすら思われるものもあろう。また、「自分のモラールは高く保て」とか「人が自分を好きになるようにするよりも、自分が人を好きになるように行動せよ」というのは、果たしてアドバイスと呼べるものだろうか。それはむしろ、自分の動機や他の人々との関わり合い方の複雑さを、もっと綿密に吟味することへの誘《いざな》いだと私は考えているのである。

しかし、私の教訓が単純なアドバイスにならない基本的な理由は、リーダーシップや組織生活へのアプローチを変えることは、決して生易しくないからである。パラドックスに直面したマネジャーは、こうした問題点に関する新しい考え方を深く理解して変わっていくか、それとも全く変わらないかのいずれかの道を選ぶ。だが、こうした二者択一の行動だけでは達成できないこともある。人間行為の持つ本質的な逆説性を理解する力を育てることも、その一つである。

とにかく、どうしても自らが熟考し、反省しなければならないのだ。その時こそ、自分自身のリーダーシップ・スタイルに貴重なプラス・アルファが付け加わるのである。

行動するよりも、まず考えよ

たいていのマネジメントの本は、巻末においてマネジャーが今までと違ったやり方をするための提言を、簡単な公式とか、チェックリストなどの形で示すのが常である。われわれのアメリカ社会、とりわけマネジャーは、行動志向型である。しかし本書のこの最終章においては、こうした処方箋は一切示さないことにしている。これまでお読みになってすでにお分かりのように、私は行為や行動を要求することそのものが問題の一部であると考えており、解決策とは見なさないからである。

問題や、自分の能力を超えるような難局に直面した時に必要なのは、最初の手がかりを一瞥したことに基づく素早い行動ではなくて、そこに含まれているすべての問題点を緻密に考察することなのである。たとえ、それらがいかに不条理やパラドックスに満ちているように思えても……。こうしたプロセスは純粋なリーダーシップの本質を新しく眺望しうる高みへと、われわれを導いてくれる。「行なうこと」は、考えることの後に来るべきなのである。考えることには余りにも多くのパラドックスやジレンマが伴っているので、決して気楽なことではないが、それを先にすべきなのである。それは実際のところ、単に考えるなどという生易しいものではなく、頭の中であれこれぐつぐつ煮込むようにしてもみくちゃにするようなものであると言えよう。

ベートーヴェンを起こすには

音楽の世界には、「2‐5‐1のシークエンス」として知られる、非常によく使われる反復進行型のシークエンスがある。音階上の2番（レ）、5番（ソ）、1番（ド）の入っている各コードをこのシークエンス通りにピアノで弾くと、聴き手は最後のコードが弾かれた際に快い終了感を覚える。しかしながら、最初の二つのコードしか弾かないと、聴き手はシークエンスが完了していないことからくる緊張感を覚える。

伝説によると、ルードヴィヒ・ヴァン・ベートーヴェンの母親は、幼い頃のベートーヴェンを起こすのに、2－5とだけ弾いて、最後の1のコードを弾かなかったという。眠っていたベートーヴェンはコードが一つ落ちているのに気がついていらいらし、起き上がってそのシークエンスを完了させたと伝えられている。

本書を終えるにあたって、読者はきっと幼い日のベートーヴェンのように、どこかいらいらする感覚を抱いていると思う。しかし、それは当然である。最後のコードを弾くのは実は読者のみなさんなのだから。

訳者あとがき

最近の日本のビジネス読書界では、斬新なコンセプトを仕事や組織面に応用した本が活発に迎えられている。ダニエル・ゴールマン著『EQ〜こころの知能指数』の応用篇である『EQ型人間が成功する』しかり、M・ミッチェル・ワールドロップ著『複雑系』の応用篇である『複雑系の経済学』もまたしかり。

さらに海外では、チャールズ・ハンディの『パラドックスの時代』以来、「パラドックス」「逆説」「不条理」「ジレンマ」がビジネス界の注目をつとに集めている。アメリカでミリオンセラーとなっている漫画仕立てのパロディ本『ディルバートの法則《プリンシプル》』も、ややひねったその一例だと言えよう。こうした状況を背景として、ビジネスウィーク誌などで全米ベストセラーを記録した注目の書である、この『パラドックス系マネジャーがビジネスを変える!』が日本でも刊行されたのである。

今回、ここに訳出する機会を与えられた、リチャード・ファースンの『MANAGEMENT OF THE ABSURD』（原意：不条理のマネジメント）は、冒頭の序の中で、『ジュラシック・パーク』の原作者であり、著者の親友の世界的な人気作家マイクル・クライトンがいみじくも述べているように、通りいっぺんのマネジメントの著作や、リーダーシップのテクニックのご指南本ではない。

現代社会の中での、組織、リーダーシップ、チーム、そしてマネジメントという人間の営みの矛盾や自己撞着に鋭い光を照射しつつ、こうした不条理のもつれた網を少しでもほぐし、しかも組織の効率性も忘れずに、より人間らしい営為をというのがファースンの願いなのである。そのための組織社会の本質解明と具体的な行動へのヒントを提示する、世界のマネジメント界では近年希有《けう》なる一書であると言えよう。『エクセレント・カンパニー』のトム・ピーターズも、腹立たしいほど素晴らしい賢者の書と称えているほか、本書には各界の一流の人々から、数多くの讃辞が寄せられている。その一部を紹介するならば、ＭＩＴの教授で「組織論の神様」と言われるＥ・シャインは安易な処方箋の提示ではない本書に感服しているし、『七つの資本主義』で知られる国際経済学者のチャールズ・ハムデン‐ターナーも著者のウィットと知恵を激賞している。

組織の運営に携わったり、またその中で苦慮している人々が、もしこの本を手にして読み進んでいくならば、クライトンと同じく、ファースンの、平易だが強い説得力のあるこの〝異端〟にして〝反・通俗経営学的〟洞察の深遠さに困惑し、抵抗しつつも、ついつい引きずりこまれるのを経験するだろう。

そして読者は、自分がこれまで抱えてきた数多くの固定観念や既成概念を、遠慮会釈なく剝ぎとられる苦しみを通じて、組織と指導性と経営の奥義に向かって、新しい真の現実に肉迫していく快感をついには覚えるだろう。

日本でも有名な米国の心理学者、特に現代カウンセリングの祖とも言えるカール・ロジャーズのパートナーとして、また自身、卓越したユニークな組織コンサルタントとして、さらに現代行動心理学のメッカであるエサレン研究所の所長として活躍してきたファースンのこの著作が、なぜ、これほどまでに読む人々の心を揺さぶり、そのアイデンティティの根底までも揺るがすのか。

その第一の理由は、アリストテレス以来の西洋の発想の根源に横たわる、あれかこれか、黒か白か、正か邪かという二値的思考（ダイコトミー）を真っ向から否定し、同時に相反するものの共存とバランスこそが真実の姿であり、世のダイナミックスであることをもろに突きつけるからである。

さらにそこから本書は、第二の切り口として、リーダーやマネジャーにとっては、解決しうる〝問題〟（プロブレム）と、それに耐えて何とかそのまま受け止めて辛うじて対処し、凌ぐしかない〝苦境〟（プレディカメント）の二種類があることを赤裸々にえぐり出す。そして、すべてを〝問題〟として解決可能と驕るアメリカ式の現代マネジメントの限界をいやというほどわれわれに見せつけるからでもある。

この本は、こうした常識のウソをみごとにあばき、あるがままの状況を深く考察するよりも、何らかの行動をとることを最優先する旧来のマネジメントの欠点を露呈させ、ジレンマやパラドックスというどろどろしたリアリティの中に活を求めることを読む者にぐいぐいと迫る。著者が本書で問題提起するチャレンジングな三三のテーマに揉まれつつ、それらをこれまでの読者の皆さん自らの体験と照合させて考え抜いてくると、真の人間らしさとは何か、まことの正気とは何かへの洞察力が次第に備わり深まってくるとともに、新しい生への力が湧いてくるのをひしひしと感じるところが、この本の醍醐味である。まさに大人のビジネスの本である。

その説くところは、いわゆる底の浅いハウトゥものでもなく、さりとて、一つの方程式をもってすべてを押し切る安直な経営ガイドでもなく、また人間の臭いのしない疑似客観的なシステム論でもない。こうした在来の発想を断絶する考え方は、実はここ一〇年間、アメリカやヨーロッパの経営界において少しずつ醸成しつつあった発想なのだが、それが一つのピークとして凝縮したのが、このファースンの警世の書だと言えよう。

本書が全米ビジネス・ベストセラーとなった背景をもう少し掘り下げるならば、第一に、固定化した思考に「揺らぎ」のしなやかさを導き入れ、硬直化した見方に「ファジー」の風穴を開け、「複雑系」や「カオス」にこそ、むしろ新しい真理と未知の知が潜んでいることを漸くにして考えはじめた昨今のビジネスやマネジメント発想の中に、こうした不条理こそ理外の理として受け止める素地が形成されてきていると言えよう。そしてパラドックス・マネジメントこそ真のあり方とする提唱がとみになされてきている。

また、第二に、経営界でも、コロンビア大学の組織心理学者W・W・バーク教授が人間の抱く愛憎こもごものアンビヴァレンス（両面価値）の感情に注目し、さらに組織における「陰と陽」に着目し、グローバル・コンサルタントとして著名なスティーブン・ラインスミス博士が、激流を筏でくだるような現代の経営において老子の「収と放」の考えと、「無為」すなわち自然体が不可欠と説くなどがそのパイオニア的好例と言えよう。特に、先年邦訳が出されて話題となった前述の英国のチャールズ・ハンディの『パラドックスの時代』（ジャパンタイムズ刊）は、ファースン自身も言及しているように、逆説と不条理と矛盾を初めてマネジメントの前面に押し出して光を当てた先駆者だと言えよう。さらに最近注目されている英国の経営学者、トム・キャノンの『二一世紀の経営』もこのパラドックスを基軸にして展開している。

第三に、さらに歴史を遡るならば、サルトルら実存哲学の系譜の中に、そして特にカミュのシジフォスの神話あたりに不条理の原点を求めうる。そしてファースンも触れているように、古くは「パーキンソンの法則」のパーキンソンや、「ピーターの法則」のピーターのような社会生態観察者の目によって、社会と組織のアブサーディティはシニカルなエッセイとして記述されてきた。

さらに、前述した『ディルバートの法則』も、自らを笑うことのできるアメリカ社会の健全さを示すとともに、このファースンの本と同じ、矛盾受容への底流を共有する下地をつくっているものだとも言えよう。

われわれ日本の組織やビジネス関係者は、西洋人と違って、古くから老荘の哲理や禅の哲学に親しんでおり、また近くは絶対的矛盾の自己同一といった西田哲学にも触れており、さらに「嘘も方便」「無用の用」「小心にして大胆」などといった逆説的な表現や、矛盾を如実に示す語句の中に浸ってきたので、西洋の人々ほど、アブサーディティの現実には驚かないかもしれない。

しかし、マネジメントの世界では、われわれも特に旧来のアメリカ型の考え方にかなり影響され〝毒され〟〝汚染され〟ているので、ファースンのこの本は、目からウロコを落としてくれる恰好の手引きとして大いに貢献しうるものと言える。

本書を全訳するにあたっては、文の勢いや流れや日本の事情に鑑みて、一部言葉を補ったり、逆に細部を割愛したところもあることをあらかじめお断わりしておきたい。一九九七年に刊行したこの訳書を今日文庫版に収めるにあたっては、ごく一部を改訂し一、二カ所の誤訳を正した。早川書房の小都一郎氏にひとかたならぬお世話をいただいたことに対して深く感謝申し上げたい。また、訳者の目の配り方が不十分なために、思わぬ勘違いがあるやにもと思うので大方の叱正を乞いたい。

かつて、文芸評論家の花田清輝が『復興期の精神』の中で、「一つの中心をもつ円こそ完璧な究極の存在だと、われわれが思い込んでいるのは誤りである。むしろ二つの中心を持つ楕円こそ実在の本当の姿であって、円はごく特殊なあり方だ」と喝破したように、相矛盾し、相対立するものがともに存在する組織の中でいかに生き抜くかを、酸いも甘いも嚙みわけた米国の大先達が教えるこの実践的な知恵に溢れた逆説の書を読み返して、よく味わっていただくことを希ってやまない。

本書は一九九七年七月に単行本として刊行された
『パラドックス系』を改題・文庫化したものです。

訳者略歴　産能大学教授（国際企業経営論），国際経営評論家
訳書『インテル経営の秘密』グローヴ，『タバコ・ウォーズ』ヒルツ（以上早川書房刊），「１分間マネジャー」シリーズ他多数

HM=Hayakawa Mystery
SF=Science Fiction
JA=Japanese Author
NV=Novel
NF=Nonfiction
FT=Fantasy

パラドックス系《けい》マネジャーがビジネスを変《か》える！

〈NF246〉

二〇〇一年一月二十日　印刷
二〇〇一年一月三十一日　発行

（定価はカバーに表示してあります）

著　者　リチャード・ファースン
訳　者　小《こ》林《ばやし》　薫《かおる》
発行者　早川　浩
発行所　株式会社　早川書房
郵便番号　一〇一―〇〇四六
東京都千代田区神田多町二ノ二
電話　〇三―三二五二―三一一一（大代表）
振替　〇〇一六〇―三―四七七九九
http://www.hayakawa-online.co.jp

印刷・中央精版印刷株式会社　製本・株式会社川島製本所
Printed and bound in Japan
ISBN4-15-050246-3 C0134